아빠는
사춘기가
어렵다

아빠는 사춘기가 어렵다

초판 발행 | 2019년 3월 25일

지은이 | 이미형, 김성준
—
만든이 | 이은영
만든곳 | 오후의책
등   록 | 제2015-000040호
주   소 | 세종특별자치시 새롬남로 18
메   일 | ohoonbook@naver.com
전   화 | 070-7531-1226
팩   스 | 044-862-7131
—
ISBN | 979-11-87091-13-4 03370
값 | 14,000원

이 도서의 국립중앙도서관 출판예정도서목록(CIP)은 서지정보유통지원시스템 홈페이지
(http://seoji.nl.go.kr)와 국가자료종합목록시스템(http://www.nl.go.kr/kolisnet)에서
이용하실 수 있습니다. (CIP제어번호 : CIP2019010647)

아빠는 사춘기가 어렵다

가족심리상담
전문가가
들려주는 내 아이의
진짜 속마음

이미형, 김성준 지음

오후의책

아빠가 외계인과 춤추는 방법

부모에게는 자녀가 태어나면서부터 시기마다 주어지는 과업이 있습니다. 어느 시기나 다 어려움이 있으며 쉬운 육아란 없습니다. 아이가 초등학교 고학년이 되면 마치 자녀양육이 끝난 것처럼 말하는 사람도 있지만 곧 다른 발달과업이 다가옵니다. 바로 아이에게 처음으로 젖을 먹이는 것만큼 생소하고 낯선 자녀의 모습을 마주하게 되는 '사춘기'입니다.

상담을 하다 보면 우리가 생각하는 것보다 사춘기 자녀의 양육이 어렵다는 것을 알게 됩니다. 오죽하면 '외계인'이라고까지 할까요. 어디 가서 속 시원하게 말은 못하고 정말 흰머리가 날 정도로 힘든 시기가 자녀의 사춘기입니다. 유아기는 몸 고생, 사춘기는 마음고생입니다. 그중에서도 가장 어려운 관계가 아빠와 사춘기 자녀의 관계입니다. 그들을 서로 이해시키고 대화하게 하는 것은 서로 다른 종족을 대화시키고 이해시키는 것만큼 어렵습니다.

사춘기 자녀를 양육하는 아빠만 어렵다고 생각하지 말기 바랍니다. 혹시 자녀가 지금 기분이 좋다면 물어봐도 좋습니다. 얼마나 많은 청소년이 친구들과 아빠 뒷담화를 하는지. 만약 알게 된다면 "다 때려칠래."라는 말이 나올 수 있습니다.

아빠에게 사춘기 자녀가 넘사벽넘을수없는 사차원의 벽이라면 자녀에게 아빠는 말이 통하지 않는 꼰대입니다. 아빠의 양육에 관한 이야기를 하면 이렇게 말하는 사람들이 있습니다.

"남자에게도 아빠가 될 시간이 필요하다."

이 말은 아빠에게 시간을 주면 우리가 원하는 아빠가 될 거라는 말인 것 같습니다만, 진짜 그럴까요? 상담을 해보면 오히려 30대 아빠는 그런대로 자녀에게 좋은 점수를 받는데, 40대가 되면 외면받고, 50대가 되면 아빠가 있는지 없는지조차 모르는 경우가 더 많습니다. 아빠, 아니 성인 남자에게 필요한 것은 시간이 아닙니다.

아빠와 상담을 해보면 더 안타까운 마음이 생깁니다. 자녀를 사랑하는 마음과 자녀가 건강하게(사회적, 심리적) 자라기를 바라는 마음은 간절한데 자녀와의 사이는 자꾸 어긋나기만 합니다. 그리고 사소한 표현과 말투 그리고 자녀의 세대를 이해하지 못하는 것으로 자녀에게 큰 상처를 주기도 합니다.

늦게 귀가한 사춘기 자녀에게 "왔니?"라고 할 수 있습니다. 그런데 "어, 우리 딸 왔어?" 하며 팔을 벌려보는 건 어떨까요? 아빠의 사랑에는 사실 차이가 없습니다. 자녀가 힘들어할 때 "힘들지?"라고 하는 아빠와 "이겨내라."고 하는 아빠의 마음은 같을 것입니다. 그러나 받아들이는 자녀는 다르게 생각합니다.

상담을 통해 아빠가 얼마나 자녀를 사랑하고 또 건강하게(정서적, 사회적) 자라기를 바라는지 알고 있습니다. 그래서 이 책을 쓰게 되었습니다. 사랑하지만 그 표현방법을 모르거나 자녀가 잘되기를 바라지만 오히려 방해(?)하는 아빠에게 어떻게 표현하고 어떻게 해야 자녀가 존중받았다고 느끼는지 이야기해 보고 싶었습니다. 또 비록 우리 모두 사춘기를 지나왔지만 우리의 시간과 자녀의 시간이 다르다는 것을 알려주고 싶었습니다. 상대를 알아야 이해할 수 있으며 이해해야 공감할 수 있기 때문입니다.

자녀양육에 정답은 없습니다. 그러나 바람직한 과정은 있으며, 자녀양육에 정답이 있다면 바람직한 과정이 정답일 것입니다. 이 책 역시 사춘기 자녀 양육의 정답을 이야기하려는 것은 아닙니다. 다만 상담을 하러 온 청소년 내담자의 마음과 이야기를 통해 아빠가 알았으면 하는 것을 전해드리려 합니다.

"중학교 가서 아이가 너무 달라졌어요."

상담실에서 흔히 듣는 말입니다. 사실 서서히 달라지고 있었는데 모르는 경우가 더 많습니다. 그러나 이미 깨달았을 때는 너무 달라져서 이해하기 힘든 게 사실입니다.

왜 그들이 조용하고 공부가 잘 되는 독서실에서 잠만 자고 시끄러운 카페에서는 열심히 공부를 하는지, 왜 음식을 먹기 전에 사진을 찍어야 하고, 음식에 대한 의견을 구구절절 교환해야 하는지, 모든 것이 부모의 어린 시절에 비하면 완벽할 만큼 풍족해 보이는데 무슨 불만과 무기력이 매일 있는지도 잘 모릅니다.

이 책을 통해 자녀를 조금이라도 이해하는 계기가 되길 바랍니다. 더불어 인생의 중년을 넘어가는 부모들에게도 스스로를 다시 한 번 돌아보는 성찰의 시간이 되었으면 합니다.

저는 대부분 상담을 통해 청소년을 만납니다. 그래서 책에 있는 내용도 대부분 상담을 통해 청소년의 마음을 들여다 본 것입니다. 그래서 일반적인 청소년의 일탈, 양육법과 차이도 있고, 그 정도가 극단적인 부분도 있을 것입니다. 그중에서 폭력과 성적 학대 등과 같이 이미 범죄로 생각하는 부분은 제외했습니다. 또한 평범한 청소년 양육과 차이는 있을 수 있지만 사춘기의 일탈은 가끔 우리의 상상을 넘어서는 경우가 있으니 '이럴 수도 있겠구나' 정도로 생각하면서 읽어 주기 바랍니다. 또 내용에 나오는 이름은 모두 가명이며, 내용 역시 약간의 수정을 가한 것임을 밝힙니다.

마지막으로 언제나 같이 토론하고 이 책을 같이 써준 남편에게 고마운 마음을 전합니다.

CONTENTS

Part 1

외계인과의 소통
왜 어려울까

성공한 아빠의 실수

　아빠가 자녀양육을 어려워하거나 피하는 이유는 다양합니다. 청소년 내담자의 이야기를 종합해 보면, 아빠가 사춘기 자녀와 소통하지 못하고 어긋나는 이유는 크게 세 가지로 볼 수 있습니다.

　첫 번째는 자신의 성공 또는 가치관을 자녀와 비교하기 때문입니다. 가끔 자수성가를 한 아빠가 자녀를 한심하게 생각하는 경우가 있습니다. 자신보다 더 좋은 환경에서 잘 못하고 있는 것 같은 자녀에게 더 열심히 공부하고 어려움을 극복하라고 닦달합니다. 자녀를 위한 것이라고는 하지만 오히려 역효과가 나는 경우가 많습니다.

　두 번째는 사춘기 자녀의 양육에 대해 너무 몰라서 그런 경우입니다. 사랑은 하지만 사랑을 어떻게 표현해야 하는지 모르는 서툰 첫사랑과 비슷합니다. 자녀와 대화하는 방법, 존중해야 하는 이유, 자녀와의 관계

등 청소년 자녀의 양육 전반에 대해 잘 알지 못합니다. 그런데 자신도 사춘기를 겪어 보았기 때문에 쉽게 생각합니다. 항상 문제는 모르면서 쉽게 생각하는 데서 생깁니다.

세 번째로 사춘기의 의미, 자녀가 아니라 부모에게 있는 의미를 몰라서 그런 경우도 있습니다. 사춘기는 단지 자녀에게만 중요한 시기가 아닙니다. 한 인간으로서 부모에게도 중요한 시기입니다. 인간적으로 성숙해지는 시기이며, 노년이 되기 전에 자신과 가족을 다시 한 번 돌아볼 수 있는 시기입니다. 너무 바빠서 또는 중요한 일이 있어서 하지 못했던, 인생에서 돈과 지위보다 더 중요한 나와 가족을 돌아볼 수 있는 기회입니다.

아빠들은 대체로 자신이 가지고 있는 틀(가치관, 정체성, 성격)이 강합니다. 아마 40대 이상이 되면 더 그럴 수도 있습니다. 성공이라는 것도 상대적입니다. 그러니 누가 성공했고 누구는 그렇지 못하다고 단정하기는 어렵습니다. 그럼에도 부모세대(40~60대)는 개인의 정도의 차이는 있지만 성공한 세대라 볼 수 있습니다. 자신의 아버지세대에 비해 많은 것을 누리고 살았습니다. 전쟁을 겪고 폐허가 된 삶을 딛고 일어서 경제적·사회적으로 또 문화적으로도 발전했습니다. 그런 세대가 지금의 자녀(30대 이하)를 바라보면 어떤 생각이 들까요? 더 풍족한 시대를 살고 있음에도 이들을 N포 세대라고 합니다. 더 많은 공부를 했지만 취직을 걱정해야 하고 결혼도 자녀도 포기하고 산다고 합니다. 이런 차이가 아빠가 사춘기 자녀와 반목하는 이유 중 하나입니다. 서로를 이해하지 못하니 당연히 양육은 어렵습니다. 이런 갈등이 개인에 의한 것은 아닙니다. 그러니 자녀와의 갈등을 한 가정 안에서 해결해야 하니 억울한 면이 있습니다.

그런데 사회적으로 성공한 아빠는 왜 양육에서는 실패한 아빠가 되었을까요? 성공한 사람은 자신의 정체성, 가치관과 삶의 노하우가 확실합니다. 말로 표현하기는 어려워도 그들의 말투와 행동을 보면 알 수 있습니다. 스스로는 그렇지 않다고 하지만 무의식적으로 자신만이 가지고 있는 특성을 유감없이 언제나 자신 있게 보여줍니다. 상담하다 보면 이렇게 성공한 아빠가 여러가지 실수로 인해 자녀에게 미움을 받는 경우가 있습니다. 그 이유를 한 번 살펴보겠습니다.

1) 아빠의 틀을 강요한다

아빠는 무의식이든 의식적이든 성공한 자신의 정체성, 가치관을 자녀에게 강요하게 됩니다. 여기서 아빠의 정체성과 가치관이 옳은가 그른가를 따질 필요는 없습니다. 아빠의 가치관이 얼마나 중요한지 역시 중요하지 않습니다.(아빠는 이 부분을 매우 중요하게 생각합니다.) 문제는 이런 강요를 자녀는 받아들이지 않는다는 것입니다. 받아들이지 않을 뿐 아니라 자녀의 일탈의 주된 이유가 됩니다. 부모가 가지고 있는 바람직한 정체성과 가치관을 선택해서 받아들이는 것은 자녀의 몫입니다. 아빠는 "난 그러지 않았다."고 강변할 수 있습니다. 그러나 인정해야 합니다.

강요 자체가 나쁘다고 생각하는 세대는 강요된 아빠의 가치관과 정체성을 받아들일 수 없습니다. 그러니 오히려 반대로 나가기도 합니다. 아빠 입장에서는 억울할 수 있지만 가만히 생각해 보면 올바른 현상입니다. 부모는 공부도 달달 외우는 주입식 교육을 받았지만 지금 세대는 그렇지 않습니다. 창의력이 중요한 세대입니다. 그런 세대에게 강요된 가치관과 정체성은 거부감을 가지게 할 뿐입니다. 아빠가 자신의 '틀'을 강요하는 순간 자녀와의 관계가 어긋나기 시작합니다.

"뭐가 틀린 것입니까?"

일반적으로 다른 집 자녀에게 심한 심리적 증세가 있다면 부모에게 심리적 문제가 있거나 유전적 이유 때문일 거라고 생각할 수 있습니다. 또는 부모가 가지고 있는 잘못된 가치관과 정체성, 성격을 탓하기도 합니다. 실제로 우울 등과 같은 심리적 문제는 유전적 요인도 있으며, 유전적 요인이 아니라도 부모와 자녀가 같은 증세를 겪는 경우도 있습니다. 그런데 부모의 심리검사를 해보면 의외의 경우도 꽤 있습니다. 부모 모두의 심리검사가 거의 정상 소견으로 나오거나 부적절한 가치관과 정체성도 전혀 발견되지 않는 경우입니다.

한 가지 예를 들겠습니다.(다양한 경우 중 하나의 예입니다.)

내담자의 부모들의 심리 검사를 했습니다. 부모들의 심리적 상태는 특이한 사항이 없었습니다. 생각보다 우울, 강박, 불안 등의 수치도 정상이었습니다. 그런데 MBTI성격유형지표에서 재미있는 공통점을 발견했습니다. 물론 전부 비슷하지는 않습니다. 내향, 외향에 관계없이 S sensing, T thinking, J judging입니다. 16가지 성격유형이니 비슷한 사람도 많겠지만 공통적으로 현실적이며, 옳고 그름을 잘 따지고, 성실 근면한 유형입니다. 물론 다른 해석도 할 수 있겠지만 상담과 연관해서는 그렇습니다. 그럼 이런 성격이 어떻게 자녀에게 심리적 상처를 주었을까요?

근면·성실한 것을 나쁘다고 할 사람은 없습니다. 그런데 이것이 워커홀릭workaholic이 되면 느낌이 달라집니다. 게다가 만약 주변 사람에게 모두 자기처럼 살라고 강요한다면 어떻겠습니까?

부모의 심리에 큰 문제가 없고, 가치관도 바람직하지만 그럼에도 사춘기 자녀에 대한 이해와 부모 교육이 필요한 이유입니다. 절대 부모를 비난하려는 것은 아닙니다. 부모의 틀(가치관, 정체성, 성격)은 옳고 그름의 문제가 아닙니다. 부모 자신에게는 옳고 이익이 되는 것이지만 자녀에게 줄 때는 그 방식이 더 중요합니다. 뭐가 틀린 것이 아니라 뭐를 모르고 있는 것입니다.

나(부모)에게 아무런 심리적 문제가 없고 내가 가진 가치관이 바람직함에도 가정이 화목하지 않다면 또 다른 것이 필요합니다.

2) 자녀에 대한 존중이 없다

아빠의 마음이 그렇지는 않을 것입니다. 자녀를 사랑하고 존중하는 마음이 있지만 말과 행동은 그렇게 보이지 않는 것입니다. 이미 세상을 살아본 성공한 아빠는 자녀에게 흔히 두 가지 실수를 합니다. 첫째는 자녀의 인생을 마음대로 재단하려는 경향입니다. 이미 수 없이 시행착오와 실패를 겪은 아빠는 자녀가 자신과 같은 시행착오와 실패로 힘들어하지 않기를 바랍니다. 그래서 자녀가 조금이라도 정해진 노선에서 이

탈하려고 하면 참지 못합니다.

"그게 아니야, 이렇게 해야지."

그러나 아빠는 아빠의 성공에 많은 시행착오와 실패가 포함되어 있다는 것은 잊은 것 같습니다. 자녀가 성공하고 행복하려면 꽃길만이 아니라 아빠가 겪었던 시행착오와 실패도 필요하다는 것을 말입니다.

"도대체 그게 왜 힘들어?"

친척집을 전전하면서 공부했던 전문직 아빠에게 자녀의 "공부가 어려워요."라는 말은 외계인의 말처럼 들립니다. 고생했던 아빠는 자녀의 마음도 마음대로 재단하려 합니다.

이렇게 자신의 인생과 감정을 마음대로 하려는 아빠에게 자녀는 '배려도 존중도 없다'고 느낍니다. 자녀와 부모를 같이 상담을 하면, 이런 경우 대부분의 아빠는 "제가 옳은 것 아닙니까?"라고 합니다. 그러면 자녀는 "아빠와는 말이 통하지 않아요."라고 합니다. 자녀의 인생에 마음대로 관여하고 감정에 공감하지 않는 것은 옳고 그름의 문제가 아닙니다.

3) 조금만 달라도 틀렸다고 생각한다

아빠들은 상식적인 것과 차이를 보이는 경우가 있습니다. 나이를 먹으면 세상만사를 겪고 다양한 경험이 있으니 포용성이 확장되어야 하는데 자녀양육에서는 반대의 모습을 보이는 경우가 많습니다. 물론 이해가 되는 면도 있습니다. 자녀의 문제이기 때문에 더 그렇다는 것을 이해는 합니다. 그러나 이런 면이 자녀를 힘들게 합니다.

"우리 아빠는 무슨 판사 같아요."

"잘못이래요, 무조건."

사춘기 자녀와 이야기를 하다 보면 아빠는 흔히 성취, 결과, 옳고 그름, 이익과 손해 등 흑백논리로만 이야기 하려는 경향이 있습니다. 이런 아빠의 가치관 자체가 사춘기 자녀에게는 거부감이 듭니다. 아무래도 모든 일에 미숙하고 많은 시행착오를 겪는 자녀의 입장에서 아빠의 기대를 충족시키는 것이 너무 어렵기 때문입니다. 당연히 위축되고 자신감이 떨어지게 됩니다.

여기서 한 가지 더 중요한 문제가 생깁니다. '미워하면서 배운다'라는 말이 있습니다. 청소년은 아빠의 이런 가치관을 미워하면서도 자기도 모르게 매사를 성취, 결과, 옳고 그름, 이익과 손해 등 흑백논리로 바라보게 됩니다. 그런데 이런 모습이 문제가 될 때가 사춘기입니다. 특히나 고등학교, 대학교에서 또래와 지내다 보면 문제가 드러납니다. 가령 예를 들어 보겠습니다. 학교에서 선생님이 훈시할 때 스마트폰을 보는 것은 교칙 위반입니다. 또 숙제를 적당히 하는 것도 어쩌면 학생 신분에 바람직한 행동은 아닙니다. 교칙도 잘 지키고 숙제를 열심히 하는 것은 모범생이라고 칭찬 받을 일이지만 그렇지 않다고 해서 친구를 비난하는 것이 바람직한 행동일까요?

평범한 청소년은 선생님이 훈시를 할 때 딴짓을 하기도 하고, 지겨운 숙제를 대충하기도 합니다. 칭찬받을 행동은 아니지만 그들 사이에서는 비난받을 행동도 아닙니다. 그러나 아빠에게 배운 '틀'이 매우 강한 내담자는 그런 친구들을 비난해서 친구와 갈등을 일으키게 됩니다.

사춘기는 스스로 자신만의 가치관과 정체성을 만들어 가는 시기입니다. 그 시기에 '다름'에 대한 폭 넓은 이해를 하는 것도 가치관을 정립하는 것 못지않게 중요합니다. 조금만 달라도 틀렸다, 실패다는 의식을 가지는 것은 매우 위험합니다.

4) 강한 틀이 소통을 막는다

가족간의 소통은 매우 중요합니다. 그 어떤 가치관보다 소통이 가장 중요한 경우가 많습니다. 그런데 가끔 꽉 막힌 아빠가 있습니다. 아빠는 전문가인 저의 이야기를 듣기보다는 자신의 이야기만 하다 가기도 합니다. 또 이런 모습을 아내와 자녀가 옆에서 지켜보는 경우가 있는데, 모두 포기했다는 표정입니다.

아마 사회적으로 성공하기 위해 아빠는 타협 없이 그리고 주저 없이 옳다고 생각한 것을 밀고 나갔을 것입니다. 그래서 성공했을 것입니다. 그런데 재미있는 것은 양육에는 정답이 없다는 것입니다. 특히 사춘기 양육에는 정답이 없을 뿐 아니라 그저 밀기만 해서 되는 일도 없습니다. 정답이 중요한 것이 아니라 그 과정이 중요합니다. 그러니 끊임없이 자녀와 소통해야 합니다. 특히 사춘기 자녀와의 대화는 무엇보다 중요합니다.

"무슨 말로 대화를 해야 할지 모르겠습니다."

아빠는 가끔 사춘기 자녀와 대화하는 것이 어렵다고 이야기 합니다. 자녀 양육은 정답 맞추기 게임도 아니고 이익을 논하는 사업도 아닙니다. 아마 양육이 정답 맞추고 이익과 손해를 따지는 것이 바람직한 양육이라면 아빠는 사회 일을 하듯이 잘 해냈을 것입니다. 사춘기 자녀의 양육은 바로 앞에 정답이 있어도 돌고 돌아 먼 길을 가기도 하며, 자녀의 말도 안 되는 꿈을 같이 꾸어야 하는 경우도 생깁니다.

"거봐 내말이 맞지."

이런 말을 아빠는 종종 하게 됩니다. 왜냐하면 대부분의 경우 아빠 말이 나중에 옳은 경우가 많기 때문입니다. 그러나 만약 자녀와 충분한 대화로 소통을 하게 되면 다른 말을 듣게 될 것입니다.

"아빠 말이 맞더라."

사춘기 자녀가 아빠 의견이 맞는다는 것을 스스로 깨닫고 인정할 때까지 기다리거나 대화하는 것 그것이 사춘기 양육입니다.

'소통'은 사춘기 자녀 양육의 꽃입니다. 아무리 외계인 같은 자녀라도 소통이 된다면 사실 큰 문제는 없습니다. 소통을 위한 매개체는 '대화'입니다. 사춘기 자녀와 아빠를 한 공간에 두면 정말 어색합니다. 그나마 어떤 미션이라도 주지 않으면 어색한 공기 때문에 숨이 막힐지도 모릅니다. 이 책의 마지막 파트에서 사춘기 자녀와의 대화에 대해 구체적으

로 이야기 하겠습니다. 그리고 저의 작은 조언 하나,

성공한 아빠, 아니 성공하지 못했더라도 지금의 아빠는 누군가(소중한 사람)의 작은 위로와 관대함(수많은 시행착오를 긍정적으로 바라봐준)에 의한 것입니다. 그냥 이루어진 것은 아닙니다.

뭘 알아야 하지

불과 40년 전만 해도 지금처럼 화려한 프러포즈를 하는 사람이 있었을까요? 불과 수 십년만에 사랑을 표현하는 방법이 많이 달라졌습니다. 만약 어떤 사람이 "아빠는 프러포즈 없이도 결혼해서 잘 살았다."라는 말을 듣고 따라한다면 웃음거리가 될지도 모릅니다. 시대마다 나름의 사랑을 표현하는 방법이 있습니다. 지금의 아빠가 자녀를 이전 세대보다 덜 사랑해서 자녀에게 배척 받는 것은 아닙니다. 아빠의 말이 꼰대의 말로 인식되는 것은 아빠의 틀이 강해서이기도 하며, 또 아빠가 달라진 지금 세대를 이해하지 못해서이기도 합니다.

이제는 아빠가 잘 알지 못해서 어긋나는 양육과 자녀에 관한 이야기를 하려 합니다. 대부분의 경우 상담을 통해 청소년 내담자가 아빠에 대해 불만을 토로한 내용입니다.

1) 다른 것을 배웠다

우리가(40대 이상) 배운 아빠의 모습은 지금과는 다릅니다. 우리의 정규 교과과목에는 '아빠 교육'이라는 과목이 없습니다. 그러니 대부분의 경우 자신의 아버지로부터 자연스레 배우게 됩니다. 시대의 변화가 천천히 진행되었다면 정말 우리에게 쓸모 있는 교육이었을 것입니다. 그런데 이미 우리가 배운 아빠의 모습은 사용하지 못하는 구시대의 유물이 되었습니다.

아직도 가부장적인 아빠의 모습을 그대로 재현하는 경우가 있습니다. 중요한 집안의 대소사나 자녀의 중요한 문제를 아빠가 결정하고 따르라고 강요하는 부모도 있습니다. 또 아빠의 사랑은 엄마와 달라도 괜찮다는 사람도 있습니다. 묵직하고 조용하게 자녀가 모르게 표현해도 사랑의 표현은 다 한 것이고, 자녀가 당연히 알 것이라고 생각합니다. 그러나 자녀는 아빠의 사랑을 느끼지 못합니다.

이렇게 잘못 배운 아빠의 모습을 그대로 구현하게 되면 자꾸 자신의 어린 시절과 자녀를 비교하게 됩니다. "나 때는 그렇지 않았는데."라는 말로 시작하면 꼰대라는 말밖에는 들을 수 없습니다.

지금 세대에게 사랑은 **'반응적 태도'**입니다. 꽁꽁 숨겨도 언젠가는 알게 되는 과거의 사랑은 더 이상 유효하지 않습니다. 사랑한다는 표현도 해야 하고 배려, 존중받고 있다는 것도 느끼게 해야 합니다. 그러려면 자녀의 말과 행동에 반응적인 모습을 보여야 합니다. 그저 묵묵히 있으면서 아빠의 사랑을 알아주기를 기다리면 안 됩니다.

"먹여주고 재워줬는데"

한 아빠는 이제 고등학교를 졸업한 자녀에게 이런 말을 했습니다. 사실은 사춘기 내내 했습니다. 그러면서 부모의 역할을 다했다는 추가 멘트도 잊지 않았습니다. 그 이후에는 어떻게 되었을까요?

자녀는 집을 나가버렸습니다. 아르바이트를 했고 먹고 잠을 잘 수 있는 능력을 갖추었습니다. 비록 넉넉하지는 않지만 "행복해요."라고 말합니다. 의식주를 책임져주는 것은 부모의 큰 역할입니다. 이전에는 그것이 부모 역할의 전부인 적도 있었습니다. 그러나 시대가 변한 지금 부모의 역할은 의식주를 넘어서야 합니다. 자녀의 학습에도 관여하며 자녀의 심리적, 정서적 안정을 위해 의식주보다 더 많은 시간과 정성을 쏟아야 하는 경우도 있습니다. 이제는 그저 먹고 살기 위해서가 아니라 자녀의 꿈을 같이 꾸고 그 꿈을 더 크게 키우기 위해 많은 노력을 해야 합니다. 부모의 역할을 단지 의식주에 국한시킨다면 자녀와 바람직한 관계를 맺기 힘듭니다.

또 하나는 소통하는 방식입니다. 할아버지는 아빠를 불러 앉히고 세상을 사는 방식에 대해 가르쳤습니다. 아빠는 열심히 듣고 배웠습니다. 그러나 지금의 아빠는 세상을 사는 방식에 대해 아들과 카페에 앉아 아메리카노를 마시며 토론해야 합니다. 가르치는 것이 아니라 토론하는 것입니다. 일방적으로 이야기하는 것보다 자녀의 이야기를 더 많이 들어야 합니다. 소통에 대한 차이는 아빠가 자녀와 신뢰관계를 만들지 못하는 가장 큰 이유이며, 가장 하기 어려운 일입니다.

2) 나 때와는 다르다

부모도 '질풍노도의 시절'을 겪었습니다. 그런데 한 번 겪어본 아빠는 사춘기의 열병을 별거 아니라고 치부하기 쉽습니다. 친구와의 우정, 이 하나만 보더라도 부모의 입장에서는 별 거 아니라고 생각할 수 있지만 자녀에게는 전부이기도 합니다. 같은 사춘기를 겪지만 시대마다 다른 문화를 가집니다.

"아무것도 모르면서 그래요."

청소년 내담자들이 부모를 향해 가장 많이 하는 말입니다. 이 말에는 많은 것이 포함되어 있습니다. 자신의 정서적 상태, 즉 마음도 모르면서 자신의 마음과 다른 이야기를 한다는 것이고, 또 실제로 아무 것도(자녀를 둘러싼 현실) 모른다는 이야기입니다. 자녀가 느끼는 현실과 부모가 생각하는 현실 사이에는 괴리가 있습니다.

성적과 입시에 대해 예를 들어보면, 부모는 실력을 키우면 된다고 쉽게 말하지만 자녀의 입장에서 보면 한 문제만 실수해도 대학 레벨이 변하는 현실의 무게를 모르는 부모의 말이 상처가 되는 것입니다.

아빠는 자신도 겪어본 사춘기이니까, 나도 경험한 어려움이니까, 나도 공부해봤다, 며 자녀의 사춘기를 이해하고 별거 아니라고 생각하기가 쉽습니다. 실제로 그렇게 말하는 경우도 많고 말은 아니라도 행동으로 자녀에게 그렇게 보이는 경우가 흔합니다.

여기서 '아빠가 다 알고 있다, 아니다'를 논하려는 것은 아닙니다. 문제는 다 알고 있다고 생각하면 더 이상 발전이 없다는 것입니다. 그런데 실제로 상담해 보면 아빠는 자녀에 대해 생각보다 너무 모릅니다. 정서, 꿈, 고민, 친구, 이성관계, 자녀가 느끼는 현실 등 자녀 전반에 대해 생각보다 모릅니다. 그리고 지금 자녀 세대의 문화, 현실 등에 대해서도 사실 잘 모릅니다. 아주 작은 예를 들면, 우리 아이가 조금 튀는 옷을 입는 것만으로도 따돌림의 이유가 될 수 있다는 것을 이해하지 못합니다. 그러니 부모 눈에 예뻐 보이는 옷을 그렇게 강요하는 것입니다. 그 옷 때문에 자녀가 따돌림을 받을 수 있다고 조금이라도 생각했다면 아마 절대 하지 못했을 것입니다.

3) 사춘기에는 사춘기 양육법이 있다

세 번째로 잘 모르기 때문입니다. 유아기, 유소년기에 자녀와 비교적 잘 지낸 부모도 자녀가 사춘기가 되면 힘들어 합니다. 양육의 방법이 다르기 때문입니다. 예를 들어 음식을 자녀에게 권하는 방법, 자녀와 같이 공부를 하는 방법이 다릅니다. 단지 애정이 있고 "내가 널 가장 잘 알고 가장 좋은 것을 줄 거야."라는 마음만으로는 할 수 없습니다.

유아기 자녀에게는 동화책을 재밌게 읽어주기만 하면 되었다면, 유소년 자녀에게는 선택할 수 있게 해야 하고 좋은 것을 권하기도 해야 합니다. 가끔은 독후감을 쓰도록 할 수 있으며 자녀가 모르는 분야에 대한 교육도 해야 합니다. 그런데 사춘기 자녀는 다릅니다. 대부분 경우 지켜보는 게 좋습니다. 하고 싶은 충고도 가끔 속으로만 해야 합니다. 좋은 조언보다 그저 "괜찮아."가 더 나은 선택일 수 있습니다. 자녀보다 앞서나가기보다 약간 뒤에서 지켜보는 것이 더 좋은 방법일 수 있습니다. 유소년 자녀에게 좋았던 양육의 방법이 사춘기 자녀에게는 오히려 관계를 망치게 되는 경우가 생기는 것입니다. 일반적으로 많은 부모들이 이런 과정을 겪습니다. 그리고 "왜 이렇게 달라졌나요? 어떻게 해야 되나요?"라고 반문합니다. 그럼 저는 "천천히, 잘못된 것이 아니니 기다리셔도 됩니다."라고 답합니다.

유소년기에 과보호로 자녀를 키운 분이 있습니다. 아이가 사춘기에 들어가니 엄마가 자녀의 학교일을 대부분 대신 해주고 자녀에게 어려움이 생기면 자녀 몰래 혹은 엄마의 독단으로 해결해서 자녀가 신경을 쓰지 않게 해주기도 했습니다. 아마 유소년기에 했던 그대로 했을 것입니다. 그런데 이 방법은 부작용이 많습니다. 자녀는 갈수록 어려움이 해결되기는커녕 점점 생활이 미궁에 빠져 들었습니다. 결국은 엄마도 더 이상 자녀의 생활에 간섭하지 못할 상황이 되어서야 상담실을 찾았습니다.

저는 이런 문제를 **'자녀와 부모의 포지션'**이라고 설명합니다. 양육을 할 때 양육자가 어느 위치에 있어야 하는가에 대한 문제입니다. 가령 유아기 자녀의 양육에서 양육자는 자녀를 안고 있는 경우가 많습니다. 가장 좋은 육아법이 자녀를 많이 안아주는 것입니다. 그러나 유소년 자녀를 안고 살 수는 없습니다. 이 시기 양육자는 자녀보다 조금 앞서 있는 것이 좋습니다. 책도 먼저 읽어주고 먹기 싫어하는 음식도 먹을 수 있게 설득해야 합니다. 위험한 상황을 저지하기도 하고 먼저 설명해 주어야 합니다.

사춘기 자녀와의 포지션은 어때야 할까요? 사춘기 자녀와의 포지션은 **같은 선상에 있거나 약간 뒤로 물러서 있는 것이 좋습니다.** 이 포지션을 어기면 간섭을 한다고 핀잔을 받고, 심해지면 자녀가 무기력해지거나 '결정 장애' 같은 심리적 질환을 겪기도 합니다. 또 반대로 너무 무관심하다고 느끼거나 사랑받지 못한다고 생각하기도 합니다. 그러니 사춘기 자녀와의 포지션은 유소년기보다 더 어렵습니다.

말로는 간단하지만 자녀와 같이 지내다 보면 사실 어렵습니다. 실제로 상담을 하다보면 가장 많이 힘들어하는 부분이 자녀와의 포지션 문제입니다. 각각의 사건마다 정답을 정하기 어렵기 때문입니다.

만약 고등학교 다니는 딸이 옷을 아무렇게나 벗고 정리하지 않는다면 어떻게 해야 할까요?

만약 고등학교 다니는 아들이 외우지 않아서 등급이 매번 떨어진다면 어떻게 해야 할까요?

이런 질문에 쉽게 대답을 한다면 아직 자녀가 사춘기에 들어가지 않은 아빠일 가능성이 있습니다. 오히려 사춘기를 지낸 아빠는 쉽게 대답하기 힘들어 합니다.

4) 훈육이냐, 정서적 신뢰냐

많은 청소년과 부모들을 만났습니다. 또 많은 부모들이 같은 질문을 하며 그 질문에 많은 청소년이 같은 대답을 합니다. 그럼에도 불구하고 마치 평행선을 달리는 것처럼 서로의 의견을 좁히지 못합니다.

"자녀양육은 훈육이냐, 사랑이냐?"

양육이 어려운 이유가 바로 이 문제입니다. 조선시대 학자 이원배는 《구암집》에서 "자녀의 단점을 감싸주고 잘못을 덮어주기만 하면서 그 아이가 자라면 스스로 알게 될 거라고 말하는구나."라며, 자식을 엄하게 꾸짖어야 함부로 행동하지 않는다고 했습니다. 쉽게 말해 '오냐, 오냐' 하는 것보다 엄하게 훈육하는 것이 더 바람직한 양육이라는 것입니다.

성공한 부모가 상담 중에 "더 야단치고 때려서라도 훈육해야 합니다." 라며 저에게 훈계 아닌 훈계를 하는 경우도 있습니다. 아마 실제로 그렇게 자녀를 양육했을 것입니다. 그러나 성인이 된 자녀가 독립적으로 크지 못하고 심리적 증세로 가족 모두가 힘들어 하고 있으니 더 이상 이 양육법을 계속 고집할 수는 없습니다.

훈육도 양육의 방법이며 필요한 수단입니다. 그런데 30년 전에는 자녀 양육에서 유용했던 이 훈육이 왜 지금은 오히려 자녀에게 반감만 사고 역효과가 날까요?

상담을 해보면 그 이유가 명확하게 드러납니다. 아무리 좋은 훈육도 정서적 신뢰가 있고 나서야 효과가 있다는 것입니다. '사랑'이라고 하면 '훈육'을 중시하는 분들은 '훈육'도 '사랑'이라고 하니, 저는 '정서적 신뢰'라는 표현을 씁니다. '정서적 신뢰'는 그저 '오냐, 오냐' 하는 양육과는 다릅니다. 마치 '근거 없는 낙관'과 '긍정적 태도'가 다른 것과 같습니다. 자녀가 잘못한 말과 행동은 잘못했다고 말해야 합니다.

사랑이라고 표현하기도 하는' 정서적 신뢰'는 자녀와 부모가 서로 신뢰하는 관계를 가지는 것을 말합니다. 좀 더 자녀의 마음을 알아주고 비난이나 지적보다는 위로와 격려를 줍니다. 자녀에게 좀 더 따뜻하게 다가가는 마음입니다. 아빠가 자녀에게 가장 못하는 부분이기도 합니다. 차라리 목표를 정하고 계획을 세워서 실천하는 것이 양육이라면 아빠는 좀 더 잘했을 것입니다. 그러나 정서적 소통, 공감과 같은 단어가 나오면 한 발 물러서는 것이 아빠입니다.

부모들은 훈육이 자녀에게 먹히지 않는 모습에 실망하고 자녀는 훈육만을 강조하는 부모에게 실망하고, 어쩌면 사회 전반의 모습과도 흡사합니다. 우리는 청소년들에게 더 바람직한 성인, 건강한 성인이 되기 바라는 마음으로 훈육을 하지만 청소년은 그런 어른들을 '꼰대'라고 칭합니다.

혹자는 지금은 훈육이 부족한 시대라고 말합니다. 그러나 제가 상담하면서 보기에는 **'훈육과 정서'가 모두 부족한 시대인 것 같습니다.** 부모나 어른이 "너희가 뭐가 부족하니?"라고 훈계를 해서 해결될 문제는 아닙니다. 아무리 좋은 가르침도 삐뚤어지게 바라보는 내담자들은 대부분 사랑, 정서적 안정 등이 부족한 경우였습니다. 그들에게 더 엄격한 훈육은 더 잘못된 방향으로 아이들을 내모는 것과 같습니다.

"강하게 키우려면 어떻게 해야 하나요?"

상담이나 강연에 가면 의외로 이런 질문을 하는 부모가 꽤 있습니다. 그리고 아빠의 경우 강하게 키우기 위해 훈육했다고 하는 분도 많습니다. 부모가 말하는 '강하게'의 의미가 육체적인 강함만을 의미하지는 않습니다. 부모들은 자녀가 어려움에 닥쳐도 극복할 수 있는 의지가 강하고 심지가 굳은 아이로 키우고 싶다고 합니다.

강하게 키우기 위해 극기훈련도 시키고 자립적으로 스스로 하도록 강요(?)하기도 합니다. 또 일부러 혼자 극복하라며 자녀가 힘들어하는 것 모두를 "별거 아니다."라고 말한다고 합니다.

사실 부모들이 말하는 강한 자녀가 되기 위해 필요한 것은 '높은 자존감'입니다. 자존감이 높은 사람은 남에 의해 쉽게 휘둘리지 않으며 자신의 가치를 사회에서 발휘할 가능성이 크며, 따라서 더 행복함을 느낍니다. 따라서 부모가 원하는 강한 자녀는 자존감이 높은 자녀입니다.

그런데 자존감은 극기훈련으로 형성되고 커지는 것이 아닙니다. 충분히 사랑받았다고 느끼고 만족하며 스스로 가치 있다고 느껴야 커집니다. 그러니 강한 자녀를 원한다면 더욱 자녀의 정서를 안정시키고 정서적 소통을 하는 것이 중요합니다.

부모에게 자녀의 사춘기란 무엇인가

성재와 민수는 중학생입니다. 당시 우울증과 학교생활 부적응으로 내원했습니다. 비슷한 시기에 비슷한 심리적 문제로 내원했습니다. 초등학교 때까지는 비교적 순종적인 자녀였고, 공부도 잘했습니다. 성재의 경우는 지속적으로 영재원에 다녔고, 민수는 사립초등학교에 다녔습니다. 중학교에 진학하고 성적이 떨어지기 시작했고 친구들과의 관계 역시 원활하지 못했습니다. 결국은 학교생활과 공부에 대한 의욕이 사라지면서 같은 증세로 상담을 하게 되었습니다.

성재와 민수가 아니라도 아이들은 사춘기의 열병을 앓습니다. 건강한 성인이 되기 위한 통과의례일 수도 있고, 건강한 정서를 위한 재충전의 시기이기도 합니다. 단순한 통과의례든 정서적 돌봄이 필요하든 부모에게도 자녀의 사춘기는 중요합니다.

저 역시 두 아이의 양육을 남편과 같이 했지만 많은 실수를 했습니다. 성재와 민수의 부모도 마찬가지입니다. 부모는 나름대로 가장 좋은 육아를 위해 노력을 했겠지만 결과는 다를 수 있습니다. 특히 성재의 부모는 공부에 대한 지대한 관심으로 교육에 많은 정성을 쏟았습니다. 성재는 지능 검사에서도 항상 영재성이 있었고 학교 성적도 우수했습니다. 그리고 남들이 부러워하는 영재원에도 다니니 부모의 기대는 아마 대단했을 것입니다. 민수의 부모님은 경제적으로 여유가 있는 편이 아닙니다. 그럼에도 불구하고 민수를 사립초등학교에 진학시켰습니다. 부모는 민수가 학교에서 좋은(?) 아이들을 많이 사귀기를 원했습니다. 그런데 성재는 공부를 포기하게 되었고, 민수는 친구에게 상처를 받았습니다.

자녀가 자신의 의사표현을 정확히 전달해서 부모의 말과 행동에 어느 정도의 제약을 줄 수 있다면(소통) 아마 양육의 실패 확률은 줄어들 것입니다. 그런데 어린 자녀는 느낌상 불편하고 부당하고 잘못된 것이 있더라도 정확히 인지하고 말로 표현하기 힘들어 합니다.사회성이 부족하기도 하고, 말로 표현하기에는 인지적 발달이 부족해서이기도 합니다. 자녀들은 "불편하지만 표현할 수 없었다."라고 저에게 말하곤 합니다. 사실 어린 자녀는 부모가 자신에게 해주는 많은 것에 대한 비판의식이 적습니다. 이런 이유로도 자신의 힘든 점을 정확히 부모에게 전달하지 못합니다. 그러니 부모도 알지 못하는 경우가 많습니다.

이런 불편함을 표현하는 시기가 바로 사춘기입니다. 사춘기가 되면 예전에 있었던 많은 불편함을 갑자기 표현하기 시작합니다. 그래서 폭발력이 있습니다. 10년 이상 동안 쌓아놓은 것을 표현하기 시작하니 부모 입장에서는 당혹스럽습니다. 그러나 이것은 단지 비난하기 위해서가 아닙니다. 오히려 더 건강한 가족이 되기 위한 과정인 경우가 많습니다. 그래서 자녀의 사춘기가 부모에게 특별한 것입니다.

자녀의 사춘기가 부모에게 중요한 첫 번째 이유는 **양육의 방향과 정도를 조절하는 시기이기 때문입니다.** 성재와 민수의 경우도 마찬가지입니다. 자녀가 부모가 원하지 않은 방향으로 갈 수 있습니다. 이때 양육의 방법과 방향에 대한 조절이 필요한 것입니다.

당연히 부모는 궁금합니다. 왜 자녀가 저렇게 변했는지, 그리고 누가 잘못했는지? 그런데 그 누구의 잘못도 아닙니다. 잘못을 따지기 시작하면 부모는 감추고 피하고 싶은 마음(죄책감과 실패) 때문에 힘들어 하고 상담을 포기하기도 합니다. 그런데 비록 사춘기 자녀는 부모의 많은 도움을 받고 있지만 스스로 많은 것을 결정해야 하고, 또 결정하기 위해 몸부림치고 있는 것입니다. 그래서 시행착오도 많고 방향도 오락가락하지만 자녀가 스스로 생각하고 결정하는 이 과정은 건강한 성인이 되기 위해서 반드시 필요한 과정입니다. 부모들은 이 점을 이해해 주기 바랍니다.

부모 역시 완벽하지 않기 때문에 의도하지 않는 정서적 상처를 줄 수 있습니다. 불우한 환경에서 사랑을 받지 못한 엄마는 사랑을 표현하지 못합니다. 배운 적이 없고 해본 적이 없기 때문입니다. 자녀가 어릴 때는 자신이 사랑의 표현에 미숙하다는 것을 알지 못합니다. 그런데 자녀는 사춘기가 되면 엄마에게 좀 더 다정한 말을 요구할 수 있습니다. 아빠는 같은 이유로 자녀에게 버럭할 수 있습니다. 자신의 버럭거림을 자녀의 사춘기 때 인지한다면 바꿀 수 있습니다.

두 번째는 자녀의 자립을 위한 준비기간이기 때문입니다. 이 시기에 단지 경제적, 사회적 자립만을 준비하면 안 됩니다. **가장 중요한 것은 심리적·정서적 자립입니다.** '보기 좋은 떡이 먹기도 좋다'라는 속담이 있습니다. 그런데 자녀 양육에는 맞지 않는 말입니다. 겉으로는 멋있어 보여도 속이 썩어 있는 음식을 먹을 수는 없습니다. 우리는 자녀의 자립, 독립을 이야기 하면서 경제적 문제, 직장문제에만 국한시킵니다. 그래서 좋은 대학에 가는 데만 열을 올립니다. 상담하러 오는 사람들 중에는 성인이 되어 경제적으로 이미 독립했음에도 정서적으로 부모와 떨어지지 못한 사람이 많습니다.

정서적 자립을 위해 자녀는 스스로의 가치관과 정체성을 만들어 나가야 합니다. 그 과정에서 부모, 선생님 등과의 갈등은 어쩌면 필수적으로 발생할 수밖에 없습니다. 바람직한 자신의 정체성을 만들기 위해 자녀는 부모의 '틀'에 일방적으로 매몰되어도 안 되며, 반대로 부모를 무조건 배척해서도 안 됩니다. 그렇기 때문에 시행착오와 갈등이 있는 것입니다. 이 과정에서 가장 중요한 것은 자녀와의 대화입니다. 일방적으로 끌어주거나 강요하는 것으로는 설사 그 결과가 좋다고 하더라도 모래 위의 번듯한 집일뿐입니다.

상담을 하다 보면 청소년 자녀의 진로를 부모가 일방적으로 결정하는 모습을 봅니다. 이미 성인이 된 자녀의 진로와 사소한 결정조차도 부모가 일방적으로 하는 경우도 있습니다. 이것은 결정의 옳고 그름, 이익과 손해를 떠나 자녀의 건강한 자립을 막는 일입니다. 청소년 자녀를 키우는 것이 힘든 이유는 자녀의 수많은 시행착오를 지켜보아야 하기 때문입니다. 만약 일방적으로 부모가 결정하고 따라 오게 한다면 많은 시행착오를 줄였을 것입니다. 오히려 쉬운 양육의 방식이겠지요. 그러나 시행착오를 지켜보고 용기를 북돋아 스스로 다시 해볼 수 있도록 기운과 기회를 주는 것은 부모가 청소년기에 꼭 해야할 양육입니다. 유아기 자녀를 일일이 챙기는 것 못지않게 어려운 일입니다.

세 번째는 **자녀와 동등한 성인으로 서로를 '존중'하는 새로운 관계가 형성되는 시기이기 때문입니다.** 자녀를 존중하라고 하지만 부모 입장에서 쉽지 않습니다. 특히 성인이 된 자녀에게 함부로 하는 것은 바람직하지 않습니다. 결혼을 한 자녀에게 윽박을 지른다던가, 지시하고 무시하거나 마치 부하 직원에게 쓰는 말투를 쓰는 모습은 정말 보기 싫습니다. 자녀를 존중하는 마음이 자녀가 성인이 됐다고 해서 저절로 생기지는 않습니다. 결국 성인이 되기 전에 '서로 존중'하는 관계로 발전시키는 것이 바람직합니다. 이때가 자녀의 사춘기 시기입니다. 자녀를 존중하기 위해서는 자녀의 시행착오를 실패로 보지 않고 다시 도전하도록 격려하는 것이 필요하며, 아직 어수룩해서 가까운 미래에 후회할 수 있는 선택을 고집한다 해도 자녀의 의견을 존중하고 배려하는 자세가 필요합니다.

네 번째로 **아빠(부모)에게도 인간적으로 성숙해질 수 있는 시기이기 때문입니다.** 결혼을 하고 아이를 가졌다 해서 성숙한 어른이 된 것은 아닙니다. 사회적 지위가 올라가고 경제적으로 풍족해졌다고 인격이 성숙해지는 것도 아닙니다. 상담을 하다 보면 이미 더 이상 높이 올라갈 수 없을 만큼 성공한 50대 아빠가 얼마나 인간적으로 미성숙할 수 있는지 가끔 보게 됩니다. 미숙한 감정 표현, 다름에 대한 배척, 타인에 대한 무배려 등 오히려 초등학교 고학년 자녀보다 미성숙한 경우도 있습니다. 사회적·경제적 성공을 위해 아마 버려야 했던 것들이 많았을 것입니다. 의도하지는 않았지만 거기에는 어쩌면 가족도 들어가 있는지 모릅니다. 너무 바쁘게 일만 하던 아빠도 자녀와 함께 자신의 과거 그리고 내부를 들여다볼 수 있는 시기가 바로 지금입니다. 너무 바빠서 잊고 지냈지만 아빠 역시 과거의 상처 때문에 얼마나 어리석은 말과 생각을 했는지 알 수 있을 것입니다. 인간적인 성숙을 통해 좀 더 가족의 행복을 들여다 볼 수 있습니다.

저와 내담자는 대화를 통해 '자기 성찰의 시간'을 가집니다. 자기 자신을 돌아보는 것이 얼마나 중요한 일인지 우리 스스로는 잘 모릅니다. 부모가 이런 시간을 갖는 것은 청소년 자녀가 스스로의 정체성을 만들어가는 사춘기 시기만큼 중요합니다.

Part 2

외계인들의
속마음

심리검사 중에 문장을 완성하는 검사가 있습니다. 간략히 내담자가 느끼는 것을 문장으로 써 보는 것입니다.

가령 "나의 아빠는 ○○○이다."

이렇게 아빠에 대한 생각을 한 문장 혹은 한 단어로 써보는 것입니다. 물론 한 단어, 한 문장으로 모든 것을 나타내기란 힘들지만 때로는 그 한 단어, 한 문장이 아빠에 대한 모든 것인 경우도 있습니다.

"아빠는 완벽하다."
"아빠는 효자다."
"아빠는 버럭 화를 낸다."
"아빠는 내편이 아니다."

처음에는 무슨 뜻인지 이해가 안가지만 상담을 하다보면 왜 아빠를 이렇게 표현했는지 이해가 되고 감탄도 하게 됩니다.

아래의 상담 사례는 전부 가명이며, 특정인이 아닌 다양한 사례를 조합한 것입니다. 보통의 청소년보다는 심리상담을 한 청소년들이기 때문에 보통의 청소년 양육과는 차이가 있을 수 있습니다. 그러나 심리적으로 힘들어했던 내담자의 이야기이기 때문에 더 주의해서 생각해볼 수 있습니다. 저는 양육의 정답을 제시하려고 하는 것이 아닙니다. 각 가정마다 조건과 환경이 다르지만 양육에 대한 관점을 다시 한 번 돌아다보는 계기가 되길 바랍니다. 특히나 자녀와의 관계가 많이 어긋난 부모라면 다시 한 번 자녀와의 관계 그리고 스스로를 돌아볼 시간을 꼭 가지길 바랍니다.

별거 아니야

스마트 학생복이 청소년 8천748명을 대상으로 스트레스에 대한 설문조사를 했습니다. 67%의 학생은 평소 스트레스를 많이 받는 편이라 대답했고, 그중 35%는 "네가 지금 스트레스 받을 게 뭐가 있어."라는 말에 큰 거부감을 보였으며, 24%는 "지금 네가 겪는 건 아무것도 아니야."라는 말에 거부감이 있다고 하였습니다.

큰 심리적 문제가 있는 청소년이 아니라도 청소년 자녀가 아빠를 '꼰대'라고 생각하는 이유 중 하나는 자녀의 문제를 너무 가볍게 생각하고 말하기 때문입니다. 이런 아빠의 말이 반드시 자녀의 정서적 문제를 야기시키는 것은 아닙니다. 그러나 마치 작은 균열이 큰 틈을 만들 듯 둘 사이의 관계를 멀어지게 하는 첫 시작이 되는 경우는 많습니다.

이런 말을 하는 아빠의 변명을 들어 보면 두 가지 이유가 있습니다. 첫째는 **객관적(?) 비교**입니다. 아빠가 경험한 많은 어려움에 비해 청소년 자녀가 지금 겪는 어려움은 비교가 되지 않는다고 아빠는 믿습니다. 아마 사실일 가능성이 많습니다. 한 아빠가 부모 면담에서 자신이 초등학교 때부터 부모를 떠나 친척집을 전전하며 어렵게 공부한 이야기를 하면서 지금 자녀가 자신에게 많은 불만을 가진 것 자체를 인정도, 이해도 할 수 없다고 했습니다. 자신이 구박받고 무시당하면서 공부했던 이야기를 하면서 많이 흥분하기도 했습니다. 그러니 아빠 입장에서 자기 방을 가지고 풍족한 지원을 받으면서도 힘들다고만 하는 자녀를 이해할 수 없었을 것입니다.

두 번째로는 자녀를 **강하게 키우고 싶다**는 표현을 많이 합니다. 지금 겪고 있는 어려움을 가볍게 이겨내야 사회에서 만나는 어려움을 극복할 수 있다는 신념이 강했습니다. 한 아빠는 자녀가 힘들어 할 때마다 산행을 하거나 극기훈련을 권했습니다. 히말라야를 가기도 하고 해병대 극기캠프에도 데리고 갔습니다. 아빠는 자녀가 더 강해져야 잘 살고 행복해질 거라는 신념이 자리 잡고 있었습니다.

그렇다면 자녀의 입장은 어떨까요?

"네가 지금 스트레스 받을 게 뭐가 있어."

"지금 네가 겪는 건 아무것도 아니야."

이 말을 듣는 순간 느끼는 감정은 무시 당하고 존중 받지 못했다는 것입니다. 그 말의 객관적 사실과 그 이후의 발전을 생각할 수도 없이 존중 받지 못해서 더 힘들어졌다고 말합니다. 자녀에게 이런 마음이 들기 시작하면 지금 힘든 것도 아빠 때문이고, 또 그냥 아빠 때문에 더 힘들다는 생각이 자리 잡게 되어 악순환의 시작이 됩니다.

만약 자녀를 강하게 하고 싶은 욕구 때문에 히말라야를 보내고 싶다면, 자녀의 힘든 마음을 충분히 위로하고 난 후에 가볍고 즐거운 마음으로 가야 합니다. 그저 "아무 일도 아닌 것에 네가 너무 약해서 그래."라고 말하고 보내면 그 산행이 자녀에게 도움이 될까요?

극기훈련을 다녀온 후에 오히려 무기력에 빠진 청소년도 있었습니다. 정서를 돌봐지지 못한 상태에서의 육체적 단련은 가끔 더 심한 심리적 공황상태를 야기하기도 합니다.

67%의 청소년이 스트레스가 심하다고 했지만 그 아이들 대부분은 스스로 잘 극복해 나갈 수 있습니다. 그들이 원한 것은 아빠의 따뜻함뿐입니다. 그 따뜻함이 스트레스를 극복하는 가장 좋은 약입니다.

한 가지 더, "별거 아니야."가 있습니다. 자녀의 어려움을 무시하는 것 못지않게 자녀에게 상처가 되는 말입니다. 이것은 자녀가 이룬 성과를 폄하하는 것입니다. 사춘기 자녀에게는 '인정욕구'가 있습니다. 그리고 소중한 사람에게 받는 인정은 자존감과 밀접하게 연관됩니다. 그런데 가끔 부모는 자녀가 이룬 성과에 대한 가치를 알아주지 않습니다. 특히나 어려운 환경에서 성공을 이룬 아빠가 그렇습니다. 형식적인 칭찬이나 무관심으로 상처를 줍니다. 자녀가 느끼는 어려움, 자녀가 이룬 성과에 민감한 것이 부모에게 필요한 덕목이 아닌가 합니다.

칭찬에 인색하지 마세요. 덩치 큰 사춘기 자녀도 칭찬으로, 특히 아빠의 칭찬으로 큽니다.

　이런 말을 하는 아빠는 평소에 말이 많은 편이 아닙니다. 오히려 과묵합니다. 그리고 본인의 어려움에 대해서도 불평하거나 힘들다는 내색을 하지 않습니다. 잘 참고 묵묵히 자신의 일을 하는 편입니다. 이렇게 보면 훌륭한 사회인이며, 든든한 가장입니다. 그러니 말 한마디로 자녀에게 꼰대처럼 각인되는 것이 억울할 수도 있습니다. 그래서 한마디는 말은 더 중요합니다.

　상담하면서 아빠에게 자녀와 대화를 할 때 주의해야 하는 말투에 대해 조언도 하고, 하면 좋은 말에 대해 이야기 합니다. '수고했다', '괜찮아', '잘했다', '힘들었지' 등의 간단한 표현입니다. 그런데 생각보다 아빠에게는 어려운 말인 것 같습니다.

　아빠도 잘 들어보지 못했으며 해야할 때를 배우지 못했기 때문에 어색한 것뿐입니다. 조금 연습하면 누구보다 멋있게 할 수 있습니다. 청소년 자녀가 학원이 끝나고 집으로 돌아와 "오늘 공부도 잘되고 너무 즐거웠어."라고 말할 가능성이 있을까요? 차라리 복권을 사는 것이 더 확률이 높습니다. "정말 공부가 안돼.", "도대체 그 선생님은 왜 그렇게 못 가르치는 거야?"라는 말을 하는 날이 더 많을 것입니다. 그럼 준비한 대로 "맞아, 그 선생님은 우리 공주가 이해할 수 있게 가르쳐야지. 도대체 뭐 하는 거야.", "그치, 정말 공부 안 되지." 하면 됩니다.

　이렇게 말했다고 공부할 아이가 안하는 게 아닙니다. "뭐가 힘드냐!"라고 하는 것보다 "맞아, 많이 힘들지."라는 말이 자녀가 역경을 이겨내는데 더 도움이 됩니다.

아빠는 감정조절장애

　청소년 자녀가 가장 싫어하는 아빠의 말투에 "야, 별거 아니야."가 있다면 싫어하는 행동은 버럭 화를 내는 것입니다. 불과 1990년대만 해도 버럭 소리를 지르는 아빠를 쉽게 볼 수 있었습니다. 아빠의 버럭거림은 사회적으로 인정되었기 때문에 드라마에서도 쉽게 볼 수 있었습니다. 그렇다면 지금의 아빠의 버럭거림은 어떻게 생각될까요?

　자녀는 아빠가 '감정조절장애'라고 얘기합니다. 최근에는 사람들이 '분노조절장애'라는 심리적 증세에 관심이 많습니다. 순간적인 분노를 참지 못해서 범죄를 저지르는 사람에 대한 기사를 쉽게 볼 수 있고, 그 원인에 대한 사회적 분석도 있습니다. 버럭 화를 내는 아빠는 치료가 필요하지는 않더라도 가족의 신뢰는 땅에 떨어집니다.

　버럭거리는 아빠의 가족력에는 공통점이 있습니다. 가부장적인 할아버지 밑에서 장남으로 자란 경우가 많습니다. 그리고 성공에 대한 기대를 한몸에 받고 자랐으며 형제에 대한 책임감이 큽니다. 사회적 성공 여부는 다양했습니다. 그리고 자신의 감정에 대한 이해가 적고 감정을 잘 숨깁니다. 이런 환경에서 자란 아빠는 자신이 정말 가끔(?) 화를 내는 것이 자녀에게 그토록 정서적 상처가 된다는 것을 인정하지 못합니다.

부모가 고쳐 주었으면 하고 바라는 것 중 엄마에게는 잔소리와 지적이 있다면 아빠에게는 단연 버럭거림입니다. 그런데 자녀는 엄마의 일관되고 지속적인 잔소리보다 아빠의 간헐적이며 순간적인 버럭거림에 더 정서적 상처를 받습니다. 이런 심리적 현상은 지속적인 부정적 반응보다 예기치 못하게 발생하는 부정적 반응에 더 불안과 공포를 느끼기 때문입니다. 그래서 자녀는 가끔 버럭하는 아빠 때문에 정서적 안정이 깨졌다고 말하는 것입니다. 그리고 아빠는 이렇게 말합니다.

"내가 잘해 준 것도 얼마나 많은데 그거 한 번 했다고, 너무 억울합니다."

버럭 화를 내거나 또는 부부 싸움을 격렬하게 하는 환경에 자주 노출된 청소년 내담자가 보이는 심리적(행동적) 특징 중 하나는 잔잔한 즐거움을 느끼지 못한다는 것입니다. 가령 지나치게 자극적인 음식을 추구하고(좋아한다는 의미가 아닙니다.) 또 자극적인 영상을 보려하거나 잠시도 쉬지 않으려고 다양한 활동을 합니다. 이 다양한 활동은 가끔 성취 지향적 성향과 비슷하기도 하지만 목적이 없다는 면에서 다릅니다. 그저 바쁘게 움직이기만 한다는 의미입니다.

이런 모습을 보이는 이유는 평온함을 오히려 불안함으로 인식하기 때문입니다. 안정된 삶의 기쁨과 행복을 느끼지 못하는 경우일 가능성이 많습니다. 결국 이런 행동적 특성이 스스로를 지치게 만듭니다.

가끔 버럭거리지만 평소에는 너무 잘 해주는 아빠도 있습니다. 다정하고 잘 놀아 주기도 합니다. 아마 유소년기에는 자녀에게 인기가 있었을 것입니다. 그런데 사춘기 자녀에게는 통하지 않습니다. 어린 자녀는 화를 내는 아빠보다 잘 놀아주는 아빠의 매력에 빠지지만, 사춘기 자녀는 비관적이며 비판적입니다. 당연히 아빠의 나쁜 모습에 대해 더 비판적일 수밖에 없습니다. 또 비록 가끔이지만 계속 자녀의 정서에 쌓이게 됩니다. 쌓인 감정은 결국 표출되기 마련이고, 그 시기가 사춘기인 것입니다.

아빠를 위한 제안

분노조절장애와 같은 심각한 상태가 아니더라도 아빠들에게는 약간의 버럭거림이 있습니다. 그것이 환경적인 것에서 시작해서 습관이 되었거나 현실에서 느끼는 압박감과 책임감에서 비롯된 것일 수도 있습니다. 어쨌거나 모든 버럭거림은 가족에게 상처를 줍니다.

만약 폭력을 쓰는 분노조절장애라면 반드시 치료가 필요합니다. 그러나 대부분의 아빠는 그렇지는 않습니다. 그러면 간단한 원칙을 정하는 것이 도움이 됩니다. 첫째, 본인이 피곤하고 스트레스를 많이 받았다고 느끼는 날엔 자녀를 피해야 합니다. 아무리 주의하려 해도 대부분의 경우 결국 버럭거립니다. 그러니 일단은 피하는 것이 최선입니다. 둘째, 만약 자녀와 대화를 해야 하고 그 대화가 웃음으로 마무리 되지 않을 거라는 것을 안다면 감정에 휩싸여 다른 감정적인 말을 하지 않게 할 말만을 준비하는 것입니다. 그리고 대화의 마지막에 의견 절충이 안 되면 다른 날 이야기하기로 약속하면 됩니다. 셋째, 참지 못하고 버럭 화를 냈다면 전후 사정에 관계없이 일단 먼저 사과하는 것이 좋습니다. 어쩌면 가장 어려울 수 있습니다. 그렇지만 상당히 효과적인 방법입니다.

　버럭거림은 본인의 의사에 반하기 때문에 생기는 것입니다. 순간적으로 생기는 경우도 있지만 자녀와 의견을 조율하는 과정에서 아빠의 의견을 따르지 않아서 버럭거리는 것입니다. 가장 좋은 방법은 자녀의 의견을 존중하고 따라주는 것입니다. 자녀의 의견을 존중하고 따라가 준다면 아빠는 버럭거림을 고칠 수 있고 자녀는 자존감을 챙길 것입니다.

아빠는 훈수꾼

"야, 별거 아니야."가 자녀가 들어서 기분 나쁜 말이라면, 아내가 들어서 기분이 상하는 말은 "그냥, 내버려 둬."입니다.

자녀가 어린 시절에 위험한 행동을 하면 엄마는 자녀를 자제시키거나 보호하려고 즉각 반응합니다. 그럴 때 아빠는 "그냥, 내버려 둬."라고 말합니다. 그리곤 엄마에게 핀잔을 듣습니다.

또 사춘기가 되어 공부에 대한 이야기가 나오면

"아니, 무슨 학원을 몇 개씩 보내고, 다 신경 쓰고, 그러면서 힘들다고 그래?"

"아니 요즘에 고등학교 아이한테 이 정도 신경 안 쓰고 사는 집이 어디 있어요?"

"당신이 지나친 거야."

"아니야, 당신이 너무 무심한 거지. 빵점 아빠."

아빠는 이런 모습이 멋있다고 생각하고 엄마는 이런 아빠가 무책임하다고 말합니다. 멋있는 것일까요, 무책임한 것일까요?

바둑을 두면 아무리 고수가 두어도 '훈수꾼'보다 더한 고수는 없습니다. 훈수꾼의 말만 들어 보면 마치 모든 바둑의 미래를 알고 있는 것 같기도 합니다. 그리고 참 쉽게 말합니다. 그러나 실제 바둑을 같이 두면 고수 같은 훈수꾼은 없어집니다. 훈수를 두는 것과 실제로 바둑을 두는 것은 완전히 다릅니다. 사춘기 자녀의 양육을 옆에서 보고 하는 조언은 바둑의 훈수와 같습니다. 실제 사춘기 자녀와 같이 생활하면 왜 엄마가 그렇게 소리를 질렀는지 금방 알게 됩니다.

빵점짜리 아빠의 말은 틀린 처방이 아니었을지도 모릅니다. 그러나 아빠의 훈수 두는 모습은 양육에서는 바람직하지 않습니다. 양육의 기본은 책임입니다. 한 번뿐인 인생에 연습이란 없습니다. 어떤 돌이 놓여지면 그 다음은 우리가 예상 못한 다른 세계로 가는 것입니다. 인생에서 훈수란 전혀 의미가 없습니다. 오히려 열심히 다음 수를 생각하는 대국자(아내)에게 혼란만 줄 뿐입니다.

사춘기 자녀가 학원 문제로 힘들어 하는 경우는 많습니다. 그중 학원 학습 강도와 수준이 자신하고 맞지 않아서 힘들어 하는 경우엔 학원을 줄이거나 자신의 실력에 맞는 학원으로 바꾸는 것이 바람직합니다. 그런데 아빠는 그만두라고 하고 엄마는 좀 참고 노력하자고 하면 의외로 자녀는 엄마의 의견에 더 동조합니다. 왜 그럴까요? 아빠는 책임감이 없이 말하기 때문입니다. 그저 그만 두라고 할 뿐 대안은 생각하지 않기 때문에 그동안의 경험에 의해 자녀는 엄마의 의견을 따르게 됩니다. 엄마도 마찬가지입니다. 무책임한 아빠의 조언을 듣기보다는 오히려 반대의 선택을 하게 되는 것입니다.

훈수꾼의 얄미운 특징이 있습니다. 엄마와 자녀가 훈수꾼 아빠를 미워하는 이유이기도 합니다. 만약 자녀가 학원에 다니는 것을 부담스러워 한다면 아빠의 훈수가 어느 정도 맞는 말일 수 있습니다. 그런데 그 이후에 자녀의 성적이 하락하거나 혹은 학교생활에 문제가 생기면 아빠는 "거봐, 내말이 맞잖아. 내가 시키는 대로 했으면 좋았잖아."를 연발합니다. 이런 표현은 엄마에게도 상처가 됩니다. '혹시라도 나 때문에 아이에게 피해가 가면 안 되는데.'라는 스트레스가 있습니다. 그런데 그 스트레스를 아빠가 엄마에게 준 것입니다. 한 양육은 긴 여정으로 단기에 맞고 틀리고를 따질 문제가 아닙니다. 또 부부가 함께 양육하는 것인데 내가 옳고 네가 틀렸다는 사고 자체가 양육의 걸림돌이 됩니다. 무관심한 아빠도 싫지만 아무 책임감 없는 훈수꾼 아빠는 엄마에게는 큰 장애물과 같습니다.

아빠를 위한 제안

바람직하지 못한 아빠의 양육태도는 극단으로 갈라집니다. 자녀의 미래의 설계를 지나치게 아빠의 틀에 맞추거나, 반대로 너무 지나치게 방임하는 것입니다. 양육은 방임과 간섭 그 사이의 어느 곳인 경우가 많습니다. 바람직한 양육은 내 자녀에게 맞는 정도를 찾아가는 것입니다.

"그냥, 내버려 둬."라는 아빠의 말은 자녀의 현재 처지에서 옳은 말이었습니다. 사실 자녀에게는 엄마가 덜 극성을 부리는 것이 좋습니다. 학원도 덜 보내고 덜 조여 아이가 숨을 쉬고 다시 자신을 정비하는 시간을 가져야 했습니다. 그런데 왜 아빠의 이 말은 엄마에게도 자녀에게도 환영받지 못했을까요? 그것은 아빠가 훈수꾼에 불과했기 때문입니다. 만약 아빠가 가족과 신뢰를 가진 아빠였다면 엄마는 짐을 덜고 자녀는 기뻐 소리를 질렀을 것입니다. 그러나 훈수꾼의 이야기에 기뻐하는 사람은 없었습니다.

인간은 무언가를 결정할 때 그 결정이 아무리 올바른 결정이라도 스트레스를 받게 됩니다. 그 결정이 아무리 작은 것이라도 감정적 소모가 있으며 심리적으로 지치게 됩니다. 자녀의 일을 결정하는 엄마가 가장 스트레스를 받는 이유도 수많은 결정 때문일 것입니다. 그 결정이 정말 최선인지는 엄마도 모릅니다. 이때 남편이 해주는 격려는 정말 큰 도움이 됩니다. 이런 도움이 가족의 화목을 만듭니다. 비록 여러 이유로 자녀의 양육에는 조금 무관심해 보이지만 아내의 정서를 위로하는 것만으로도 가끔 바람직한 아빠로 보일 수 있습니다.

훈수꾼이 안 되려면 아빠가 좀 더 적극적으로 책임을 나누면 됩니다. 친구 문제로 엄마와 다툼이 있다면 "그냥 내버려 둬."라고 하지 말고 "내가 이야기 해볼게."라고 하면 됩니다. 물론 대화를 한다고 해결되지 않습니다. 그래도 조금씩 하다보면 최소한 아내의 신뢰를 얻을 수는 있습니다. "야, 그냥 공부하면 되잖아."라고만 하면 훈수꾼에 불과합니다. 그러나 만약 일요일에 아이가 어려워하는 수학의 오답노트를 시간 내서 같이 본다면(긍정적 표정으로) 훈수꾼에서 벗어날 수 있습니다.

아빠의 입장에서 잘 모르는 수학을 같이 보는 것이 실질적으로 자녀에게 도움이 되냐고 되물을 수 있습니다. 그런데 해보면 정말 도움이 많이 됩니다. 탁월한 강사가 와서 가르치는 것보다 더 도움이 되기도 합니다. 만약 정말 도움이 안 되어도 좋습니다. 자녀는 아빠를 신뢰할 수 있다고 느낄 것입니다. 또 당장 신뢰감이 형성되지 않아도 좋습니다. 그 과정에서 자녀가 정서의 안정을 얻을 수 있기 때문입니다. 그러니 훈수꾼보다는 파트너가 되는 것이 더 좋습니다.

훅 들어오는 아빠

"도대체 언제부터 아빠예요?"

어느 날 갑자기 낯선 아빠가 나의 인생에 들어옵니다. 뭐 거창한 스릴러 영화가 아닙니다. 주변에서 쉽게 볼 수 있고 상담에서는 너무 흔한 이야기입니다. 이런 일은 시험성적표가 나오면 자주 발생합니다. 갑자기 성적표를 가지고 아이 방에 입장하거나, 자녀를 거실 가운데로 불러 갑자기 여러 가지 이야기를 합니다. 그런데 아이는 들을 마음이 전혀 없습니다. 뭔지 설명하기는 어렵지만 불쾌한 감정이 가슴 한 구석에서 솟아오릅니다.

"도대체 언제부터 그렇게 관심이 많았어요?"

청소년 상담에서 흔히 자녀가 아빠에 대해 하는 말입니다. 그런데 자녀는 아빠가 하는 말이 틀렸다고 하지 않았습니다. 차라리 틀린 말을 했다면 아마 자녀의 마음이 편했을지 모릅니다. 옳은 말로 자녀를 기죽이는 데는 가끔은 아빠가 최고입니다, 그것도 어느 날 갑자기 그럽니다.

아직까지 아빠가 육아에 어느 정도는 무관심한 것이 현실입니다. 자녀가 어리면 별 문제가 안 되고 또 초등학교 저학년까지는 특별히 누군가와 비교하지 않아도 되니 넘어가기 쉽습니다. 그러다 중학교에 들어가거나 입시를 준비하거나 또는 자녀에게 심리적인 문제가 생겼다는 것을 인지하면 갑자기 관심을 가지게 됩니다. 또 특성상 관심이 생가면 그때부터는 적극적인 면이 있습니다.

수능을 준비하는 학원가에는 재미있는 에피소드가 있습니다. 만약 어느 학생이 시험을 보고 정시로 대학을 정해야 할 때 갑자기 아빠가 나서서 간섭을 하기 시작하면 100% 재수를 한다는 이야기입니다. 정말 그렇다면 아빠에 대한 원망과 미움은 하늘을 찌르겠지요. 아빠는 자녀에게 도움이 되고 싶어서 나름대로 시간을 내서 유명하다는 여러 전문가의 도움을 받아서 자녀에게 코칭을 했는데, 안타깝게도 결과는 아빠의 바람과는 반대입니다. 아마 그래서 자녀의 성공을 위해 꼭 필요한 것이 '아빠의 무관심'이라고 하는지 모르겠습니다.

현실적으로 학교, 친구, 사춘기의 일탈, 대학입시, 진로 등의 문제로 아빠가 갑자기 훅 들어와야 하는 경우도 있습니다. 단 너무 현실적인 문제의 해결을 위해서만(자녀의 눈에 그렇게 비춰집니다.) 관심을 가진다는 인상을 피하면 어떨까요?

당장의 성적만 이야기하기보다 자녀와 산책도 하고 간단한 티타임도 가지면서 접근해 나가면 어떨까요? 아빠의 급작스런 관심이 자녀에게 부담스러울 수 있지 않을까요?

상담에 온 많은 청소년이 아빠와의 추억 한 가지도 제대로 이야기 못 하는 경우를 많이 보았습니다. 그때 내담자의 당혹스럽고 창피한 눈빛을 많이 보았습니다. 이러니 아빠가 갑자기 관심을 가지고 많은 조언(?)을 하는 것이 자녀에게는 고깝게 느껴질 수밖에 없습니다.

아빠를 위한 제안

당연히 천천히 개입해야 합니다. 그러나 만약 이 글을 읽는 분 중에 부득이한 이유로 자녀의 인생에 갑자기 들어가야 한다면 비록 차선책이지만 많은 노력을 해야 합니다.

만약 너무 바빠서 시간이 어떻게 지나갔는지 몰랐는데, 자녀가 고등학교 3학년이 되었다면 저는 이렇게 조언하고 싶습니다. 자녀의 학습에 대한 조언은 이미 늦었습니다. 관여하려 하면 오히려 역효과만 납니다.(이성문제와 같이 다른 문제도 마찬가지입니다.) 관여하는 것보다 한 발 물러서서 자녀의 이야기를 많이 들어주는 역할에 만족하는 것이 좋습니다. 자녀의 이야기를 언제나 들어주기만 해도 성공한 아빠가 될 수 있습니다. 혹시 자녀가 심하게 투정을 부리거나 아빠를 비난해도 너무 섭섭하게 생각하지 말고 따지지 마세요. 자녀는 이런 투정을 통해 자신의 정서를 돌보고 있는 것입니다. 그리고 지금까지 엄마가 자녀 양육을 전담했다면 엄마의 정서를 돌보는 것에 신경 쓰는 것이 더 좋습니다. "수고했다.", "잘했다.", "괜찮다."라는 말을 1000번은 해야 할 것입니다. 이렇게 하는 것이 비싼 돈 주고 진학상담을 하는 것보다 가족 모두에게 더 도움이 됩니다.

그래도 일찍 자녀에게 관심이 생겨 중학교 올라가는 자녀의 양육에 관여하게 되었다면 이렇게 해보세요. 자녀와 지낼 수 있는 시간을 생각해 보세요. 만약 하루에 1시간을 자녀와 대화할 수 있다면(1시간도 거의 기적이라고 생각되지만) 그중 단 10%만 아빠가 하고 싶은 말을 해야 합니다. 가령 학습에 대한 조언과 코치를 하고 싶다면 단 6분만 허락합니다. 그것도 자녀가 원할 때만 해야 합니다. 그럼 나머지 시간은 어떻게 해야 할까요? 그 시간은 다른 주제에 대한 이야기를(대부분은 즐거운 이야기나 혹은 자녀가 원하는 대화 주제) 하는 것이 좋고, 또 대부분의 시간은 자녀가 말하는 것을 듣는 것이 좋습니다.

이 글을 읽는 아빠는 '그래서 무슨 도움이 되나요?'라고 질문을 할지 모릅니다. 그래도 이렇게 천천히 다가가 보세요. 자녀가 고등학교 3학년이 되면 아마 아빠가 돌로 메주를 쏜다고 해도 믿을 것입니다.

"힘들어 죽겠다"

　대학교를 졸업한 철수는 남들이 부러워하는 직장에 취직했습니다. 그러나 얼마 지나지 않아 그만 두었습니다. 그리고 다시 취직, 또 사표 그리고 다시 취직. 이렇게 보니 철수는 능력자입니다. 철수는 즐겁고 재미있는 추억이 많습니다. 대학 때 친구들과 배낭여행도 가고 동아리활동도 활발히 했습니다. 아르바이트도 여러 가지 했고 능력도 인정받아서 기죽고 다닐 일은 없었습니다. 그런데 왜 철수는 "힘들어, 행복하지 않아."라는 말을 입에 달고 다니는지 궁금했습니다.

　철수의 심리적 문제에는 여러 가지 요인이 있었습니다. 대부분의 심리적 증세는 오래되고 복합적입니다. 철수 또한 그렇습니다. 다만 흥미로운 가족력 하나가 있었습니다. 철수뿐 아니라 가족이 모두 '힘들어 죽겠다'라는 말을 흔히 자주 사용한다는 것입니다. 물론 집안의 경제적인 이유로 힘든 경우도 있겠지만 철수 집은 충분히 경제력도 있고, 사회적 성과도 남들이 부러워할 정도였습니다.

철수가 다양한 경험과 추억이 있음에도 행복하다고 느끼지 못하는 요인 중 하나는 '행복하다'는 감정이 무엇인지 배우지 못해서입니다. 자녀가 대학에 가고, 사업이 잘 되고, 취직을 하면 가족 모두가 기뻐하고 즐거워합니다. 그런데 철수는 그 와중에도 '힘들어', '불행해'라는 말만 들으니 언제 즐거워해야 하고 기뻐해야 하는지 배우지 못한 것입니다. 그래서 친구와 놀러가도, 대학에 합격을 해도, 취직을 해도 만족감이 들지 못하는 것입니다.

우리는 끊임없이 성취를 이루기 위해 노력합니다. 성과를 통해 자존감을 가지고 행복의 감정을 느껴야 합니다. 그런데 작은 성과에 대해 기쁨을 느끼지 못하게 되면 성과의 대상을 계속 바꾸게 됩니다. 이렇게 자신이 이룬 성과에 대해 기뻐하지 못하는 내담자가 종종 있습니다. 그리고는 다른 성과를 찾아 방황합니다. 이들은 성실하고 열심히 일합니다. 그래서 종종 성과를 이루어냅니다. 그러나 마치 가시지 않는 목마름처럼 계속 물을 찾기만 합니다.

누구나 힘든 감정을 소중한 사람에게 표현해야 합니다. 단지 감정을 폭발시키는 것이 아니라 감정을 표현해야 합니다.

"어이구 죽겠어."

"오늘 업무가 많았어. 부당하게 너무 많은 일을 나한테 시키는 거야."

같은 사람의 같은 감정도 표현은 이렇게 다릅니다. 부모가 자신의 감정을 말로 적절히 표현하면 자녀 역시 감정 표현을 배웁니다. 그러나 표현하는 것이 아니라 그저 감정만 폭발시키면 이 또한 자녀가 배우게 됩니다.

아빠도 자신의 있는 정서적 어려움을 가족에게 위로 받아야 합니다. 그러니 어렵고 힘든 일이 있으면 털어놓아야 하고 위로를 받아야 합니다. 그런데 힘들 때 즐거울 때를 가리지 않고 부정적인 말을 사용하면 자녀들의 감정이 복잡해집니다. 진짜 힘들어서 위로를 해주어야 하는지 아닌지 헷갈리게 됩니다.

기쁠 때 기쁜 감정을 누리지 못하면 행복이라는 정서를 배우기 힘듭니다. 이런 감정이 오래되면 불행하게도 아무리 좋은 일이 생겨도 행복의 정서를 느끼지 못하는 것입니다.

심리적으로 한 사람의 감정이 자녀에게 전파되는 경우는 상담에서 흔합니다. 가령 경제적 어려움 때문에 힘들었던 아빠가 평소에 "돈이 없어서 우리가 불행한 거야."라는 말을 계속한다면 자녀는 경제적 문제에 집착하게 될 수 있습니다. 또한 가끔 아무리 돈을 벌어도, 부자가 되어도 계속 불행하다는 정서를 가지는 경우도 있습니다. 또 우울증이 심한 엄마에게 양육된 경우 자녀가 알 수 없는 우울증 증세를 보이는 경우도 있습니다. 심리적 증세가 전이 되는 경우입니다.

아빠를 위한 제안

'정서의 대물림'

우리는 우리가 원하든 아니든 많은 유산을 자녀에게 물려줍니다. 단지 경제적인 것만을 물려주는 것이 아닙니다. 외모도 비슷하고 성격도 비슷합니다. 다양한 습관부터, 좋아하는 음식, 친구의 성향 등 부모는 정말 많은 것을 물려줍니다. 그 많은 것 중에 가장 중요하고 얼마든지 우리의 노력으로 가장 최선의 것을 물려줄 수 있는 것이 '정서'입니다. 우울, 불안, 강박이 아닌, 언제 어떤 상황에서도 긍정적이고 행복할 수 있는 마음, 이 어마어마한 능력도 물려줄 수 있습니다.

제가 만난 내담자분들 중에는 큰 성공을 이루거나, 성공이 아니라 하더라도 충분히 행복의 정서를 가질 만한 사람이 많았습니다. 그럼에도 그들은 행복하지 않다고 당당히 이야기합니다. 많은 이유가 있겠지만 내담자는 행복의 맛을 모르고 느끼지 못하고 있었습니다. 이들은 상담을 통해 자신이 가지고 있는 것에 얼마나 좋은 것이 많은지 알게 됩니다. 그래도 여전히 행복하다고 말하지는 않는 경우가 있습니다. 결국 시간을 들여 행복의 맛을 조금씩 느끼는 연습을 해야 합니다.

'칭찬, 인정, 추억' 등 양육에 있어 바람직하다고 생각되는 단어가 있습니다. 저는 이 단어를 통해 얻고자 하는 것이 '행복의 맛'이라고 생각합니다. 자녀는 부모를 통해 무엇이 행복이고, 즐거우면 어떻게 해야 하는지를 배웁니다. 행복도 무언가를 이루어 얻어지기보다 연습을 통해 체화되어야 잘 느껴지는 것 같습니다. 오늘 사소하게 좋은 일 하나라도 있어 아이들과 기쁘게 즐길 수 있다면 오늘 하루 자녀에게 좋은 유산을 물려준 것입니다.

개미와 베짱이

"좀 쉬세요. 죄책감 갖지 말고 기분 좋게."

30대 워커홀릭인 윤수 씨에게 해준 심리처방입니다. 자기 또래에 비해 사회적으로도 경제적으로 성공한 윤수 씨는 쉴 줄을 모릅니다. 쉬고 있으면 마음이 불편한 정도를 넘어 폭식과 구토를 반복합니다. 그러니 건강뿐 아니라 심리적으로도 많이 힘들어 합니다. 윤수 씨의 이런 습관은 성취지향적인 아빠에게 물려받았습니다. '열심, 성실, 인내'로 표현되는 아빠의 가치관을 싫어함에도 그대로 하고 있는 자신이 실망스럽기도 합니다.

오래 전부터 우리 사회는 '노는 사람'을 나쁜 사람으로 보는 것 같습니다. '개미와 베짱이'를 읽으면서 베짱이가 훌륭하다고 자녀에게 가르친 부모는 없을 것입니다. "너희는 커서 개미처럼 일을 열심히 해야 돼.

그리고 베짱이는 굶어 죽었어."라고 가르쳤을 것입니다. 그러니 대부분 배짱이는 나쁘고 비참해진다는 의식을 가지고 있습니다. 물론 성실하고 열심히 산다는 것은 매우 훌륭한 가치관입니다. 그런데 얼마나 열심히 해야 하는가?라고 묻는다면 뭐라고 대답해야 할까요. 우리는 무한 경쟁 시대를 살고 있습니다. '무한한 열심'은 과연 존재하는 것일까요?

상담가인 저는 '무한한 열심'의 정도를 내담자에게 제시해야 할 때가 있습니다. 수치로 제시하지는 못하지만 그래도 '불행하다고 느끼지 않을 만큼'이라고 말합니다. 애매하지만 저에겐 최선의 대답입니다.

윤수 씨의 경우도 마찬가지입니다. 공무원인 윤수 씨는 야근을 밥 먹듯이 합니다. 일에 대해서는 강박 증세를 보여 주변 동료와의 사이가 좋지 못합니다. 그래도 일에 대한 성과가 좋으니 상사들은 좋아합니다. 윤수 씨에게는 '더 열심히'가 아니라 '더 여유 있게'가 필요합니다. 이런 분에게 단지 "워커홀릭이니까 일을 줄이세요"라고 조언하면 백해무익입니다. 윤수 씨도 이런 충고나 조언을 이미 많이 받아 본 상태에서 내원했습니다. 윤수 씨는 자신이 왜 이렇게 일에 목숨을 걸고 있는지 알아야 하고, 그보다 가족과 본인이 더 행복해지기 위해 차츰 어떻게 일을 조절해야 할지 등의 행동 하나하나를 서로 이야기해야 합니다.

"아니 그렇게 놀고 무슨 성적이 올라가겠어요."

"더 열심히 하면 되지, 왜 안 되겠습니까?"

학습에 대한, 진로에 대한 상담을 하다보면 아빠는 흥분해서 이렇게 말합니다. 같이 듣고 있는 자녀의 얼굴은 실망을 넘어 포기에 가까운 표정이 됩니다. 아빠의 말대로 아이들은 정말 열심히 하고 있지 않은 걸까요? 청소년 자녀에게 가장 중요한 성실성은 공부에서 찾을 수 있습니다. 학습과 성실성에 대해 이야기해 보겠습니다.

지금 자녀들은 학습적 측면에서 개미일까, 베짱이일까요? 정말 부모 세대가 보는 만큼 그렇게 게으른 것일까요? 심리 상담도 하고 두 아이를 키운 저에게는 개미로 보여집니다. 지금 부모 세대 중 그 누가 초등학교 저학년부터 저녁 10시까지 공부한 사람이 있을까요? 대학에 들어가자마자 공무원 시험 등 취직과 먹고 살기 위해 낭만을 잃어버리고 살았던 분이 많을까요? 지금 세대는 일상이 그렇습니다.

이런 말씀을 드리면 대뜸 "요즘 경쟁이 얼마나 치열한데요?"라는 말이 나옵니다. 압니다. 그래도 그들이 열심히 살고 있다는 사실은 바뀌지 않습니다. "다른 아이들도 다 하는데요?" 맞습니다. 남들이 다 하니 내 아이도 해야 한다고 생각할 수도 있습니다. 그러나 남의 아이들이 점점 아프기 시작한다는데 내 아이도 아프게 해야 될까요?

저는 지금 세대가 쉼과 놀이가 부족한 세대라고 생각합니다. 그런데 부모세대들은 수긍하지 않습니다. 일단 30년 전에 비해 지금은 너무나 다양한 문화와 즐길 거리가 많다고 하십니다.

"아니 어떻게 우리처럼 놀 것 하나도 없던 시대보다 놀이가 부족합니까?"

지금 세대는 이전 세대보다 문화적 혜택을 많이 받고 있는 것은 맞습니다만 충분한 놀이를 하고 있는 것은 아닙니다. 운동도 학원에서 배웁니다. 이런 운동 강습은 놀이일까요, 학습일까요? 이전 세대는 상상도 못한 문화적 혜택일까? 아니면 놀이를 가장한 또 다른 학원일까요?

지금 세대는 다양한 놀이도 많고, 문화적 혜택도 이전 세대와는 비교할 수 없지만 놀이가 가지고 있는 가장 중요한 가치인 '자유'가 없습니다. 자유롭지 않은 놀이는 놀이로서 가치가 있을까요?

아빠를 위한 제안

저는 상담에서 '놀이'를 강조합니다. 이런 이유로 부모님에게 거부당한 경우도 있습니다. 저도 '무한 열심'의 가치관을 배우고 익혀서 체화된 사람입니다. 연세대학교를 다니던 시절 도서관에서 저의 자리는 4년 동안 거의 그대로였습니다. 4년의 시간을 공부해서 서울대 대학원에 진학했습니다. 학부와 대학원 성적도 우수했습니다. 이러니 저도 '무한 열심' 세대입니다. 그런데 저는 두 아이에게도 그랬고, 상담에서도 '놀이'에 대해 긍정적으로 생각하라고 부모님에게 충고합니다.

우리는 '놀이'에 대한 생각을 다시 해야 합니다. 단지 놀이는 게으름이 아닙니다. 설사 게으름이라도 나름의 가치가 충분한 경우가 더 많습니다. 하물며 친구들과 어울려 '놀이'라는 것을 한다면 학습에도 긍정적 효과를 미치고, 정서적 측면에서도 많은 도움이 됩니다. 상담하러 오는 사람 중에는 게으른 베짱이보다 죽어라 일한 개미가 더 많습니다. 그들은 "즐거운 추억이 없어요."라고 말합니다.

부모가 초등학교 자녀를 학원에 보내는 이유는 공부를 시키기 위해서입니다. 그런데 많은 청소년이 이렇게 답했습니다.

"놀 친구가 학원에 있어서요."

이 말이 이해가 안 된다면 아빠로서는 일단 불합격입니다. 그만큼 지금의 아이들에 대해 모르고 있다는 것입니다. 사춘기에 또래와의 놀이는 학습만큼 중요합니다. 가족과의 놀이 역시 중요합니다. 그런데 요즘 아이들은 어떻게 놀아야 할지도 잘 모르고 놀 시간도 부족합니다.

또한 부모 세대는 하나의 장난감을 마음대로 가지고 놀 수 있었다면, 지금 세대는 온갖 장난감이 있지만 함부로 만지면 안 되는 모습입니다. 게임만 해도 이전엔 '갤러그' 하나를 마음껏 했습니다. 지금은 더 화려하고 복잡한 게임 1만 가지가 있지만 조금이라도 몰입하려 하면 '게임중독'이라고 합니다. 우리 어린시절엔 동네 골목에 나가면 언제나 같이 놀 수 있는 동네 친구들이 있었습니다. 엄마가 밥 먹으라고 소리를 지를 때까지 놀았습니다. 지금 아이들은 멋진 놀이터가 어디든 있지만 마음껏 노는 아이는 보기 힘듭니다.

쉬면 불안한 사람들

　유럽인들은 1년을 열심히 일하는 이유가 휴가를 멋있고 길게 가기 위해서라고 합니다. 그들의 휴가에 대한 이야기가 나오면 부모세대들은 "아, 게으름 놈들"이라고 쉽게 말합니다. 실제로 그들은 우리보다 휴가를 매우 중요하게 생각하고 정말 잘 쉬는 것 같아 보입니다.

　형철이는 불안장애로 내원한 20대 청년입니다. 상담을 하면서 형철이와 많은 대화를 하다 보니 형철이가 항상 불안한 것은 맞지만 더 불안할 때가 따로 있다는 것을 알게 되었습니다. 형철이는 아무것도 안 하고 쉴 때 더 불안함을 느낍니다. 물론 일을 할 때도 불안하지만 쉬면 더 불안해합니다. 형철이의 생활을 지켜보면 잠시도 쉬지 않습니다. 바쁘게 뭔가를 계속합니다. 집 청소를 하고, 정리도 하고 아니면 밖에 나가 마구 달리기도 합니다. 가끔 운동을 과하게 하기도 합니다. 사소하고 자잘한 일도 참 열심히 합니다.

워커홀릭workaholic은 일work과 알콜중독자alclholic의 합성어입니다. 일을 중독처럼 한다는 의미입니다. 형철이의 경우도 워커홀릭과 비슷한 면이 많습니다. 그런데 차이가 있습니다. 뭐든 열심히 하지만 꼭 성취지향적이거나 목적지향적은 아니라는 것입니다. 목표 없이 쉬지 않고 달리기만 하는 것입니다.

가족에 관한 이야기를 해보니 형철이 아빠가 형철이와 비슷했습니다. 아빠는 좀 더 워커홀릭에 가까웠습니다. 열심, 성실, 노력 등의 가치관이 투철한 분이었습니다. 물론 형철이에게 의미 있게 열심히 살라는 강요(?)를 끊임없이 했습니다.

상담을 하다 보면 형철이와 비슷한 20, 30대 내담자가 꽤 있습니다.

'쉬면 불안하고 불행하다고 느끼는'

대부분의 경우 가족력도 비슷합니다. 아빠와 가치관(성실, 노력, 인내)도 비슷합니다. 그런데 아빠가 성취, 목적지향적이었다면 자녀는 꼭 그렇지 않다는 것입니다. 아빠의 그림자에 갇혔기 때문입니다. 아빠의 모습을 닮았지만 그 과정이 없었기 때문에 생기는 모습입니다. 만약 내담자가 아빠와 같은 이유로 열심히 살아야 한다고 느꼈다면 목적지향적이었을 것입니다. 열심히 사는 것도 좋지만 쉼과 놀이도 중요하다고 생각했다면 일과 놀이에서 균형을 찾았을 것입니다. 그러나 내담자는 그렇지 못했습니다. 그래서 목적 없이 열심히 일하지만 매사 불안한 마음을 가지고 있었던 것입니다. 목적은 배우지 못하고 열심히 일하는 것만 배웠습니다.

이런 사람은 쉴 때도 특징이 있습니다. 게으르게 쉬기보다는 바쁘게 쉽니다. 여행을 가도 편하게 쉬는 여행보다는 관광이라는 명목 하에 바쁘게 움직이는 것을 더 선호합니다. 쉴 때도 뭐라도 해야 한다는 강박이 있습니다.

또 하나의 특징은 비교적 시행착오 없이 계획되어진 노선대로 성장했다는 것입니다. 공부와 진로도 그렇지만 놀거나 쉴 때 스스로가 계획해서 스스로가 무언가를 해본 경험이 부족했습니다. 쉰다고 해서 모두가 똑같이 즐거운 것이 아닌 것 같습니다. 계획된 대로 공부는 했지만 노는 계획을 세워주는 부모는 없습니다. 그러니 노는 시간, 혼자 있는 시간이 점점 두려워지는 것입니다. 여가시간을 스스로 계획하고 나름의 즐거움을 찾는 것도 사춘기 자녀가 배워야 할 덕목입니다.

아빠를 위한 제안

일을 열심히 해서 자신의 가치를 실현하면서 오는 자존감, 그로 인한 행복감 못지않게 쉼에서 오는 평온함, 그 평온함을 즐기고 행복을 느끼는 정서는 삶에 매우 중요합니다. 열심히 노력해서 일하는 것에도 이유와 목적이 있습니다. 일 자체가 인생의 목적이 될 수 있을까요?

마찬가지로 쉼에도 이유와 목적이 있습니다. 재충전이 가장 좋은 이유일 수 있습니다. 머리를 가끔 비워 아무 생각 없이 멍 때리기를 하는 것조차 이후에 열심히 일할 수 있는 원동력이 될 수 있습니다.

편하게 쉬면 불안을 느끼는 사람은 성취와 결과만을 중요한 가치관으로 배우고 자랐을 가능성이 높습니다. 거기에 한 가지 더, 틀에 짜여진

생활을 하면서 자랐을 것입니다. 그래서 주어진 일이 없이 쉬는 시간이나 혼자 있으면 불안해집니다. 뭔가를 해야 할 것만 같고, 안하면 안 되는 것처럼 느낍니다.

자녀에게 성취를 위한 노력의 중요성 못지않게 쉼이 주는 행복도 알게 해주어야 합니다. 중·고등학교 자녀가 친구와 놀 때나 혼자 있는 시간에 스스로 즐거움을 찾는다면 자기 주도적 생활을 하고 있는 것입니다. 이것은 사춘기에 꼭 해야할 과제이기도 합니다. 학습을 스스로 계획 하에 시행해 보는 것 못지않게 쉬는 시간을 나름대로 보내는 것 또한 중요합니다.

그러기 위해서는 자녀에게 너무 촘촘한 스케줄을 강요해서는 안 됩니다. 하루 종일 스케줄대로만 움직인다고 열심히 사는 것은 아닙니다. 주말이나 공휴일에 (부모의 눈에) 게으른 모습도 어느 정도 모른 척 해주는 것이 필요합니다. "꼴도 보기 싫어요." 가끔 부모는 게을러 보이는 자녀의 모습을 이렇게 표현합니다. 그런데 쉬면서 행복해지는 연습 중이라고 생각해 주세요.

인내하고 극복해야지

　자녀에게는 아빠가 한 말 중에 시간이 갈수록 점점 짜증을 일으키는 말이 있습니다.

　"인내, 극복해야지. 누구는 이렇게 했다고 하잖아."라는 말입니다.

　부모는 누구나 자녀가 성공하기를 바랍니다. 이 성공에는 '행복'이라는 단어가 포함되어 있습니다. 불굴의 의지로 어려움을 극복하고 성공하기를 바랍니다. 그런데 너무 강요하다 보면 행복과 성공 모두를 잃어버리기도 합니다. 특히 아빠는 자녀보다 더 어려운 환경에서 공부하고 생활하면서 수 없이 많은 어려움을 극복했다고 생각합니다. 그러니 지금 자녀가 겪는 어려움도 극복할 수 있다고 확신합니다. 그러면 틀림없이 더 나은 미래가 있을 것이라고 생각합니다. 자라면서 수없이 배운 위인과 영웅들의 이야기는 아빠의 이런 확신을 더 공고히 해줬습니다. 아빠는 자녀가 어려움을 극복해서 남들에게 존경을 받는 사람이 되는 모습을 상상할지도 모릅니다.

사춘기 자녀는 어려움이 생기면 그저 극복하고 이겨내라고만 하는 아빠의 말을 이해할 수가 없습니다. 극복하는 것이 맞는 말인 것 같지만 잘 되지 않으니 자책만 쌓여갑니다. 자책은 악순환이 됩니다. 자책이 우울을 불러오고 더 의기소침해집니다. '난 쓸모없나봐'라는 감정이 들기 시작하면 무기력해지며 잦은 실수가 나옵니다. 결국 자신의 능력을 믿지 못하고 일에 대한 열정도 사라지게 됩니다.

사춘기 아이가 갖는 자책은 무서울 정도로 아이의 마음을 파괴합니다. 자책은 반성과는 다르게 미래에 대한 계획과 비전도 삼켜버립니다. 긍정적인 마음이 사라진 자녀는 무기력에 빠지게 되고 시간이 가면 주변에 대한 원망만 남습니다. 어려움을 극복하기 위해 인내하고 노력하는 가치관은 인생에서 자녀가 꼭 배워야 하는 중요한 가치관이지만 제대로 사용하지 못한다면 오히려 자녀를 자책과 무기력에 빠지게 합니다.

이렇게 인내, 극복을 강요 당한 내담자들의 의견을 종합해 보면, 내담자가 느끼는 불만과 억울함에는 몇 가지 유형이 있습니다.

첫째로, 자녀가 정말 좋아하고 하고 싶은 일인지 모르고 시키는 경우입니다. 공부를 좋아하고 공부로 성공하는 자녀는 생각보다 많지 않습니다. 자녀는 다양한 미래를 꿈꾸는데 부모가 한 방향으로 채찍질 하는 것이 아닌지 의심해야 합니다. 자녀의 성과가 아빠의 마음에 들지 않는 첫째 이유는 자녀의 능력 때문이기보다는 좋아하지 않아서일 가능성이 큽니다. 좋아하지 않는 일을 단지 인내하고 극복하라고 해서 과연 아빠가 원하는 결과가 나올까요?

두 번째는 '타이밍'입니다. 다쳐서 넘어진 아이에게 계속 달리라고 하는 것은 훈육이 아닙니다. 어떤 의미로 폭력입니다. 누구나 넘어지면 쉬어야 합니다. 극복과 인내도 위로가 선행되어야 합니다. 마음에 상처가 있는 자녀에게 극복하라는 말은 자녀를 자책에 빠지게 합니다. "난 쓸모없는 놈인가 봐."라는 감정을 가지게 만듭니다.

'밀당(밀고 당기기)'이라는 말이 있습니다. 이성을 사귈 때도 아무리 좋아하는 감정이 있어도 계속 밀기만 하면 사귈 수 없다고 합니다. 가끔은 보고 싶어도 적당히 멀리하는 것이 연애의 기술이며 관계의 기술입니다. 아빠는 연애를 처음 하는 사람 같습니다. 계속 밀기만 합니다. 한 내담자 부모는 자녀의 성적이 오르지 않자 더 많은 사교육을 시켰습니다. 방송에 나오는 공신(공부의 신)이 하는 공부법을 자녀에게 강요(?)하기도 했습니다. 또 한 내담자 부모는 항상 하는 말이 '더 열심히'입니다 성적이 올라도 '더 열심히' 하다못해 방 청소도 더 열심히 하라고 합니다. 이 두 내담자의 자녀는 무기력 증세를 보이고 있습니다. 미래에 대한 비전도 꿈도 꾸지 않습니다. 아빠가 원한 것이 이런 것은 아닐 것입니다.

이렇게 인내, 극복 등을 강조하는 자녀들에게는 공통적으로 영어연수, 사립 초등학교, 기숙사가 있는 고등학교(특목고), 유학 등을 강요하는 부모가 있습니다. 내담자들의 이런 교육 환경이 자녀를 더 심하게 망치는 경우가 많습니다. 정서적 안정이 없이 그저 인내하고 극복하라는 부모의 말이 얼마나 자녀에게 독이 되는지 저는 너무 많이 보았습니다.

자녀의 정서가 안정되지 않고는 그 어떤 '극기'도 있을 수 없습니다.

다만 망가지는 시간이 좀 다를 뿐입니다. 지금 잘하고 있는 것처럼 보여도 언젠가 무너질 수 있습니다. 자녀가 아빠 말대로 어려움을 극복해서 성공적인 삶을 살길 바란다면, 가장 먼저 필요한 것은 '정서의 안정' 입니다.

아빠를 위한 제안

우리는 역경과 어려움을 이겨낸 사람을 존경하고 좋아합니다. 위인들의 이야기를 자녀에게 들려주고 자녀가 닮기를 바라기도 합니다. 그러나 자녀와 그들의 환경은 다르고 우리가 완벽한 아빠가 아니듯 자녀도 그저 평범한 청소년인 경우가 대부분입니다. 그래서 위인과 영웅들의 말과 행동, 가치관은 사실 우리 자녀에게 적용시키기도, 자녀가 따라하기도 어려운 것이 사실입니다.

청소년 학습에 대한 상담을 하면 부모들은 어려움 속에서 성공한 강연이나 강사의 이야기를 많이 합니다. 특히 어려운 환경에서 명문대에 입학한 아빠의 경우는 더욱 심합니다. 열악한 환경에서 서울대에 입학한 사람의 강연에는 수많은 부모들이 몰립니다.

어려운 환경을 극복하고 성공한 사람들은 존경을 받아야 합니다. 그러나 존경하는 것과 양육을 혼동하면 안 됩니다. 부모가 원하는 결과를 얻는 경우보다 자녀 사이의 관계가 더 꼬이거나 자녀의 일탈이 심해지는 경우가 더 많습니다. 아무리 좋은 것도 자녀에게 맞지 않는다면 소용이 없습니다.

사춘기 자녀의 자책은 주의해서 관찰해야 하는 중요한 정서적 변화입니다. "잘못했으니 반성해야지."라고 가볍게 넘어가면 안 되는 중요한 심리적 변화입니다. 저는 유소년기의 '우울증'과 사춘기의 '자책감'을 심리적 변화가 일시적 현상에서 병적으로 넘어가는 중요한 지점으로 보고 있습니다. **사춘기에 매번 '나 때문에', '내가 못나서'라며 자신을 비하하고 자존감을 망치는 말을 쉽게 하는 자녀는 더 많은 관심과 격려가 필요합니다.**

아빠는 ○○○

    청소년 내담자들은 아빠를 다양하게 표현합니다. 그중에는 부정적인 표현도 많습니다. 아빠를 사랑하지 않아서라기보다는 아빠의 모습이 그렇게 각인된 것입니다.

    "그냥 화난 곰이죠."

    "무슨 판사 같아요."

    자녀가 사춘기가 되면 아빠에 대한 이런 표현은 늘어납니다. 물론 유소년기를 지나면서 아빠에 대한 인식이 각인되는 것이지만, 사춘기 때 더욱 아빠를 오해하게 됩니다.

    사춘기 자녀와의 대화는 청소년기 양육에서 가장 중요한 양육 방법입니다. 결국 대화가 부족하고 또 대화가 어긋나기 때문에 오해가 쌓이게 됩니다.

사람은 누구나 자라면서 원하지 않는 상처를 받습니다. 따돌림을 받기도 하고, 선생님에게 부당한 대우를 받기도 합니다. 열심히 했지만 결과가 다르게 나올 수도 있으며, 가끔은 열심히 한 행동이 부정당하기도 합니다. 또 믿었던 친구에게 배신(?)을 당하기도 합니다. 이러한 일련의 일들은 어떤 이에게는 평생의 상처가 되기도 하고, 어떤 이에게는 더 성숙하고, 심리적으로 강해지는 계기가 되기도 합니다. 그 차이는 무엇일까요?

물론 상처의 크기가 중요합니다. 감당하기 어려운 큰 상처는 평생의 짐이 되기 마련입니다. 또 당시 상처를 받아들이는 개개인의 차이도 있습니다. 여기에 제가 상담에서 느낀 중요한 요소를 추가하자면, **그 상처를 어떻게 치유했는가,**입니다.

상처를 받고 그 상처에 대해 누구에게도 말하지 못한 사람과 소중한 사람에게 억울함을 호소하고 위로를 받은 사람과의 차이는 큽니다. 더군다나 그 상처가 반복된다면 삶을 바꿀 만큼의 큰 차이를 보이게 됩니다.

큰 사건이나 충격으로 심리적 증세를 보이는 경우도 있지만 때로는 어떤 사건이 심리적 상처를 주었는지 모르는 경우도 있습니다. 일상의 자잘하고 작은 상처가 오랜 시간 지속되거나, 그 작은 상처를 치유하는 과정이 전혀 없었던 경우가 많습니다. 저에게 그런 작은 일들을 푸념하고 징징거린 내담자는 "정말 속이 다 시원해요."라고 합니다. 당연히 표정도 밝아집니다.

자녀가 아무 말이 없으면 '잘 지내고 있겠지'라고 생각할 수 있습니다. 그러나 그것은 희망일 뿐입니다. 사춘기를 지나는 자녀는 하루도 아무 일 없이 지낼 수 없습니다. 건강한 성인으로 자라는 당연한 과정이기 때문입니다. 그저 '공부만 열심히 하면 되지'라고 생각하면 안 됩니다. 그래서 만날 때마다 "잘 지내고 있어? 별일은 없고?"라고 물어 봐야 합니다.

사춘기 자녀에게 아빠는 '화난 곰'이 될 수도 있고 '수호천사'가 될 수도 있습니다. 슈퍼맨처럼 굉장한 능력이 있어야 하는 건 아닙니다. 긍정적인 표정으로 약간의 리액션으로 징징거리는 자녀의 이야기를 들어주면 됩니다. 여러분은 지금 어떤 ○○○이며, 앞으로 어떤 ○○○이길 바라나요?

아빠를 위한 제안

최근에는 양육에 있어 아빠의 역할에 대한 일반적인 관념이 크게 변했습니다. 30대의 젊은 아빠들은 어린 자녀의 양육에 관심이 많고 틈나는 대로 많은 시간을 보내려고 합니다. 그런데 이런 아빠들도 사춘기 자녀와의 관계에 있어서는 크게 다르지 않습니다. 현실적으로 입시와 같은 큰 장애물이 있기 때문이라고 생각합니다.

그런데 자녀양육에서 아빠가 큰 영향을 미치는 시기는 아이러니하게도 사춘기입니다. 사춘기는 자녀의 자존감, 가치관의 형성에 가장 큰 영향을 줄 수 있습니다. 자녀가 어릴 때는 같이 놀아주었다면, 이제는 대화를 해야 할 시간입니다. 사춘기 자녀에게 대화만큼 중요한 양육 방법은 없습니다.

자녀는 아빠와의 대화를 통해 많은 것을 얻습니다. 엄마와의 정서적 대화도 좋지만 아빠가 해주는 위로는 또 다른 힘이 됩니다. 일상에서 받는 자잘한 심리적 상처를 치유하는 효과도 큽니다. 또 하나는 사회에 나가 가장 필요한 '의사소통능력'입니다. 아빠와의 대화를 통해서 엄마와의 정서적 대화와는 다른 사회적인 소통 방식을 받아들이게 됩니다.

다양한 심리적 증세를 가진 내담자 중에는 유달리 의사소통이 어려운 내담자가 있습니다. 단순히 내성적인 문제가 아니라 대화가 단편적이고 자신의 생각을 표현하지 못해 결국 대화가 이어지지 않는 경우입니다. 회사에서는 업무 능력을 인정받아 나름의 성취를 얻기도 합니다. 그러나 타인과의 소통에는 문제가 있어 업무 능력과 관계 없이 삶은 팍팍해지고 일상에서의 자잘한 행복을 느끼지 못합니다.

우리는 '관계의 동물'입니다. 단지 사회적 성취만으로는 행복하다고 느낄 수 없습니다. 타인과 소통을 통해 더 큰 행복을 느낍니다. 그렇다면 소통의 시작은 언제부터이고 어디까지일까요? 그 시작은 가족입니다. 가장 작고 기초적이며 가장 중요한 사람과의 대화, 그것이 소통의 시작입니다. 아빠는 자녀가 일하는 기계로 인정받기를 원하는 것이 아닙니다. 타인과 어울려 소통하기를 원합니다. 그것을 시작하고 잘할 수 있도록 해주는 것이 아빠의 역할입니다.

자녀가 '아빠는 나와 대화를 한다'라고 표현할 때까지 자녀의 징징거림을 들어줘도 괜찮습니다.

아빠는 서재로 간다

아름이 아빠는 대기업 연구원입니다. 회사 내에서는 유능하다는 평가를 받습니다. 그런데 아름이 아빠는 집에 오면 자신만의 공간으로 들어갑니다. 이 공간을 확보하기까지 아내와 많은 다툼이 있었지만 결국 자신만의 공간을 만들었습니다. 그 공간에서 아름이 아빠는 음악을 듣고 취미활동을 합니다. 유능하다는 평가를 받지만 사교적이지는 않습니다. 친하게 지내는 동료는 있지만 마음을 터놓고 이야기하지는 못합니다.

현수 아빠는 대기업 이사입니다. 임원을 할 정도로 유능합니다. 그러나 집에 오면 자신만의 서재로 갑니다. 집에 있는 시간 자체도 적지만 집에 와도 서재에 혼자 있기 때문에 가족과 지내는 시간은 거의 없습니다.

'남자는 생물학적으로 혼자만의 시간과 공간이 필요하다'고 하는 사람도 있습니다. 정말 생물학적으로 남자에게만 그런 시간과 공간이 필요한 것일까요? 그래서 아름이 아빠와 현수 아빠는 혼자만의 공간으로 사라지는 것일까요?

　두 아빠는 서재로 사라지는 이유를 '피곤해서', '내일의 사회생활을 위한 충전의 시간'이라고 말했습니다. 그런데 그들이 서재로 간 진짜 이유는 따로 있습니다.

　아름이 아빠는 화목하지 못했던 원가정의 배경이 있었습니다. 가족끼리 소소한 대화를 하거나 어려움을 같이 극복하는 가족의 모습을 보지 못하고 자랐습니다. 지금 사회생활 역시 혼자 연구하고 보고서를 작성하는 일이지, 협업하거나 외부인을 만나는 일이 아닙니다. 친구 관계를 보아도 절친이라고 할 만한 친구는 없습니다. 가끔 만나 이런저런 이야기를 하더라도 가슴에 있는 이야기를 하는 경우는 없습니다. 상담 중에 자신의 원가정 이야기를 꺼내는 데도 오랜 시간이 걸렸습니다. 현수 아빠는 회사에서 업무 능력을 인정받고 있습니다. 그러나 그 일이 쉽지는 않습니다. 또한 집에 와서 자녀의 문제 등에 신경을 쓰는 것을 본인이 힘들어 합니다. 그래서 자녀의 양육과 집안일은 아내에게 모두 일임했습니다. 자신의 아버지도 그렇게 했었습니다.

　다른 이유도 있겠지만 아빠가 서재로 들어가는 이유는 원가정의 문제인 경우가 많습니다. 가족이 모여 정서적 소통을 하는 것을 배우지 못했기 때문입니다. 정서적 소통이 서툴고 심지어 어색해서 피하고 싶어 합니다. 정서적 소통이 항상 즐겁고 재미있는 것만은 아닙니다. 서로의 의견 충돌이 있고 그 차이를 조율하는 과정도 있습니다. 이런 과정을 경험해 보지 못한 아빠는 의견 충돌과 반목이 불행이라고 느낄 수 있습니

다. 비슷한 이유로 가부장적인 아빠와 수동적인 엄마 밑에서 자란 아빠
는 가족간의 소통을 엄마의 역할로 생각합니다.

　서재로 가는 아빠는 가끔 자신이 아빠로서 양육을 잘 하고 있다고도
말합니다. 아마 경제적인 면을 강조하는 것 같습니다. 또 가끔은 아이들
과 놀아주기도 한다며, 여행과 같은 이벤트를 했다고도 합니다. 문제는
다른 가족의 생각과는 너무 다르다는 것입니다. 자녀는 아빠에 대해 **"있
는지 없는지 모르죠."**라고 말하는 경우가 많습니다.

아빠를 위한 제안

　가족끼리 정서적 소통을 통해 얻어지는 행복의 감정은 경험하지 않으
면 알지 못합니다. 산에 오르는 사람에게 왜 산을 올라가나요?라고 물
으면 "정상에 올라봐야 그 기분을 알죠."라고 합니다. 그 말이 맞습니다.
산에 오르기 위해서는 힘든 과정을 겪어야 합니다. 다리도 아프고 땀도
나고 가끔은 너무 힘들어서 '내가 뭐하는 건가' 싶기도 할 것입니다. 그
러나 산의 정상에 올라 느껴지는 공기의 다름과 아래로 보이는 광경은
아무리 말로 설명하려 해도 전부를 표현할 수 없습니다.

　아름이 아빠는 가족이 서로의 차이를 좁히는 과정에 문제가 있다는
일종의 위기의식을 가지고 있는 경우입니다. 많은 경우 원가정에서 부
모가 싸우는 모습에서 심리적 상처를 받았거나 혹은 무관심한 부모 밑
에서 자란 경우입니다. 그래서 자녀뿐 아니라 아내에게도 수동적입니
다. 대부분 아내의 뜻대로 하며 자신의 주장을 강하게 내세우지 않습니
다. 그러다 보면 대화 자체가 적어지거나 표피적으로 흘러갑니다. 그저

일상적인 대화는 하지만 한 문제에 대해 깊게 의견을 교환하거나 조율하지 못하는 경우가 있습니다.

아름이 아빠에게는 가족이 서로 다른 의견을 조율하는 것이 다툼이나 분란이 아니며 서로를 더 알고 존중해 가는 과정이라는 것을 알게 해 주어야 합니다. 가능하다면 작은 문제부터 아빠의 의견을 구하고, 진행해 그 결과에 대해 긍정적인 반응을 하면 좋습니다.

현수 아빠의 경우 아름이 아빠와는 달리 가족의 문제가 생기면 일방적인 경우가 더 많습니다. 아름이 아빠와는 다르게 대부분 개입하지 않으려 하지만, 일단 개입하면 자신의 주장을 더 강하게 관철합니다. 대부분의 경우 자신의 아버지에게 배운 대로 하게 됩니다. 그래서 자신의 주장을 말하기보다는 가족의 의견을 경청하는 연습을 해야 합니다. 당장 어떤 문제에 대한 해결과 결과를 보기보다 가족이 그 결과에 도달할 때까지 과정을 관심 있게 지켜보고 격려하는 연습을 해야 합니다.

예전 어느 시점엔 아빠가 서재로 가는 모습이 '아빠다움'으로 느껴졌던 시절도 있었을 것입니다. 그러나 지금은 아빠가 서재 밖으로 나오는 것이 더욱 '아빠다움'으로 느껴지는 시대입니다.

인 타임In Time

우리나라에는 다양한 푸어poor가 있습니다. 워킹 푸어, 하우스 푸어, 전세 푸어, 캠퍼스 푸어 그리고 타임 푸어 등. 자녀를 양육하다 보면 '타임 푸어'가 가장 마음에 와닿습니다. 타임 푸어는 어떤 일이든 그 일 때문에 시간이 부족한 사람을 말합니다. 최근에는 모든 사람이 타임 푸어인 것 같습니다.

자녀가 중학교에 올라가면 주변에서 이렇게 이야기 합니다.

"아휴, 이제 시간 좀 있겠어요. 한 시름 놓지요?"

시간이 없다고 하면 "뭘 그렇게 극성 피워요. 이제 좀 내버려 두지."라고 합니다.

정말 자녀가 사춘기에 들어가면 시간이 많아질까요?

사춘기 자녀와 보내는 시간은 적어도 될까요?

우리 사회는 자녀와 보내는 시간이 충분한 걸까요?

우리 사회는 자녀의 나이와 관계없이 가족이 보내는 시간이 매우 부족합니다. 이것을 인정해야만 자녀에게 어떻게 해주어야 할지 고민할 수 있습니다. 이미 충분한 시간을 주고 있다고 생각하면 자녀의 양육태도를 바꿀 수 없습니다.

인 타임In Time이라는 영화가 있습니다. 이 영화에는 재미있는 설정이 있습니다. 인간이 팔에 시간 바코드를 가지고 있어, 그 바코드로 물건을 삽니다. 커피 한 잔에 4분, 스포츠카는 25년처럼 시간이 돈인 세상입니다. 시간이 있는 동안은 노화도 멈추지만 시간이 끝나면 그냥 죽습니다. 시간이 모든 것입니다.

내담자와의 상담 중에 가장 안타까운 부분은 내담자가 부모와의 추억이 적은 경우입니다. 이것은 부모와 같이 보낸 시간이 적다는 것입니다. 같이 보낸 시간이 적다는 것은 상대방에게 느끼는 감정이 없다는 것과 같습니다. 차라리 미운 감정이라도 있었으면 좋겠다는 내담자의 말이 가슴을 아프게 합니다.

아빠에 대해 **"아무것도 해준 게 없어요."**라고 말하는 내담자도 있습니다. 그런데 부모는 "뭐든 다 해주었죠."라고 말합니다. 취학 전부터 단기 어학연수나 영어유치원에 보내고, 좋다는 사립초등학교에 보내고 매일 등교시켜 주었으며, 남들보다 더 풍족한 경제적 여건에 더 좋은 교육을 주었습니다. 성인이 되어서도 직장을 구해주기도 하며 집이나 작은 상가를 구해주는 부모도 있습니다. 이렇게 보면 '배부른 투정'이라고 해야 할 것 같습니다.

그런데 내담자가 말하는 '해준 것'은 아빠와 보낸 시간 그리고 아빠와 공유하는 추억과 같은 것이 너무 적다는 말입니다. 자녀에게는 부모와 같이 공유한 시간이 '인 타임'이고 돈이며 모든 것인 경우도 있습니다. 부모는 쉽게 수긍할 수 없겠지만요.

청소년 자녀는 부모가 시간이 부족하다는 것을 나이 어린 자녀에 비해 어느 정도는 압니다. 사회에 나가 일하는 아빠가 얼마나 바쁜지 어렴풋이 알고는 있습니다. 아빠의 입장에서는 부족한 시간을 돈으로 메꾸려고 하는 것일 수도 있습니다.

In Time의 뜻은 '제 시간에'입니다. 어느 정도 상담이 마무리 된 부모가 저에게 "그때 아이들과 더 많은 시간을 보내지 못한 것이 아쉬워요."라는 말을 남겼습니다. 육아를 하다보면 그때마다 시기에 맞추어 해야 할 것, 해주어야 할 것이 있습니다. **제 시간에 맞춰, 시간이 없다는 이유로 그 시기를, 그 시간을 놓치지 않기를 바랍니다.**

아빠를 위한 제안

시간은 자녀에게 주는 가장 큰 선물입니다. 다만 현실적인 면도 중요하기 때문에 조율하는 것입니다. 오랜 상담 끝에 자녀를 이해하고 나면 "그때 같이 많이 있어 줬어야 했는데."라며 후회하는 부모도 있습니다. 자녀가 아직 청소년이라면 지금도 늦지 않았습니다.

아빠는 가끔 자녀에게 이벤트를 합니다. 아마 연애를 할 때도 이런 이벤트는 상대방에게 큰 효과가 있었을 것입니다. 자녀와 놀이동산에 가고 깜짝 선물을 하기도 합니다. 문제는 이벤트의 효과는 짧고 양육의 시간은 너무 길다는 것입니다. 이벤트는 양육이 되지 못합니다. 저도 두 아이를 키우면서 놀이동산에 많이 갔습니다. 1년 회원권을 사면 가격이 싸고 아이들이 심심할 때 부담 없이 가곤 했습니다. 놀이동산에 가면 특히 여름철에는 그늘진 나무 밑 벤치에 누워 있는 아빠의 모습을 자주 보곤 했습니다. 아마 피곤한 몸을 이끌고 왔을 것입니다. 누워서 자녀의 모습을 보기도 할 것입니다. 자녀가 즐겁게 놀고 있으면 마음이 뿌듯할 것입니다. 그런데 아이는 같이 놀지 않았던 아빠에 대한 약간의 원망이 있습니다. 이왕 돈 쓰고 놀이동산에 갔다면 그 시간을 아이에게 전부 투자하는 것이 남는 장사입니다.

다른 것도 이와 같습니다. 이왕 장난감을 샀다면 30분이라도 아이가 원하는 만큼 재미있게 놀아주어야 합니다. 게임기도 단 1시간만이라도 아이와 같이 흥분하는 모습을 보여주는 것이 바람직한 아빠의 모습이 아닐까요?

사춘기 자녀와 저녁에 나와 산책을 하고 소소한 이야기를 들으며 대화할 시간은 부족할 것입니다. 그런데 식사를 하든 산책을 하든 대화를 하든, 자녀가 그 시간을 '오로지 나를 위해 썼다'라는 느낌을 받는다면 비록 시간은 부족하지만 추억은 부족하지 않을 것입니다.

사실 사춘기 자녀도 부모와 지낼 시간이 부족합니다. 유치원 다니는 아이도 시간이 없다고 할지 모르겠습니다. 그러니 자녀가 시간이 생기면 아빠는 그 시간에 맞추려고 노력해야 합니다. **자녀의 시간에 억지로라도 맞춰보세요. 이것이 In Time 아닐까요.** 감동이 두 배는 될 것입니다.

밥 먹는 거 무시 마라

　자녀가 아빠를 좋아하는지는 아빠 또는 가족과의 식사에 대해 물어보면 금방 알 수 있습니다. 아빠와 밥을 먹는 것이 좋은지, 먹을 때 무엇을 하는지, 무엇을 먹고 싶은지, 재미있는지 등 식사에 대한 질문과 대답만 들어도 대충은 아빠와의 관계를 알 수 있습니다. 식사란 가장 기본이고 빈번한 가족 간의 접촉입니다. 여기서 화합하지 못한다면 비싼 해외여행을 간들 즐거울 수 있을까요?

　아빠는 어린 시절 밥상머리 교육이라는 말을 듣고 자랐습니다. 밥을 먹으면서 부모에게 여러 가지의 훈계와 교훈을 들었습니다. 아마 대부분은 듣기만 했을 것입니다. 부모의 권위를 표시하는 자리였을 수도 있습니다.
　지금 우리의 식사 시간은 짧습니다. 먹으면 끝입니다. 바쁜 사람들은 밥이 코로 들어가도 모른다고 합니다. 외국 사람들은 10분만에 먹고 자리를 털고 일어나는 것을 이상하게 여깁니다. 특히 아빠들은 너무 바쁘게 살아서인지 다 먹었는데 앉아 있는 것을 시간낭비라고 생각합니다.

저에게 자녀와의 식사는 세 개의 의미가 있습니다. 두 아이가 어릴 때는 독서의 시간이었습니다. 많은 시간 두 아이에게 책을 읽어 주었습니다. 가벼운 문학도 읽고 무거운 주제의 비문학도 읽었습니다. 반복해서 읽기도 하고 가끔은 책에 대해 토론을 하기도 했습니다. 두 아이가 청소년이 되서는 대화와 놀이의 시간이었습니다. 가끔 외식을 하고 게임도 합니다. 공부하면서 힘든 일도 이야기 하고 친구에 대해 이야기도 합니다. 경제, 정치에 대한 의견도 교환하고, 꿈과 여행에 대한 이야기도 합니다. 세 번째는 청소년을 이해하는 시간입니다. 음식을 대하는 청소년의 태도, 그들에게 식사가 주는 의미 등 또래 아이들의 감각을 아는 시간입니다. 물론 그러려면 그들이 원하는 다양한 음식을 먹어야 합니다. 아이가 없다면 절대 먹지 않았을 음식을 가끔 먹습니다. 효율이라는 측면으로만 본다면 먹지 말아야 할 음식이 많습니다. 그러나 다양성과 다름에 대한 이해라는 측면에서 앞으로도 많은 도전을 할 것 같습니다.

"아빠와는 식사하기 싫어요."
"아빠는 아빠가 좋아하는 것만 먹어요."

자녀에게 식사란 무엇일까요?

상담에서 아빠와 식사 하는 것을 권하는 경우가 있습니다. 부모에게도 마찬가지입니다. 그러면 많은 아이들이 "아빠와는 식사하기 싫어요."

라고 합니다. 아빠와 식사를 거부하는 이유는 다양합니다. 그런데 그중에서 쉽게 고칠 수 있고 고치면 생각보다 효과가 큰 것이 있습니다. 바로 자녀가 원하는 것을 먹는 것입니다. 일단 자녀가 원하는 것을 먹으면 자녀의 마음이 열립니다.

한 청소년 내담자가 "아빠는 가족에 대한 배려가 없어요."라고 합니다. 이야기를 들어 보면 별것도 아닙니다. 그저 뭘 먹고 싶은지 물어보고, 식사 하는 동안만이라도 가족과 재미있게 이야기를 하는 정도를 바랐습니다. 이 정도의 배려로도 자녀는 자신이 존중받는다는 감정을 느낍니다. 자녀가 청소년이 되면 같이 식사할 기회가 점점 줄어듭니다. 어쩌면 1주일에 1번 정도가 될 수도 있습니다. 1주일에 1시간 정도의 노력으로 자녀에게 **'배려와 존중'**의 의미를 알려주는 것, 이보다 더 좋은 교육이 어디에 있을까요.

아빠를 위한 제안

가족의 식사는 오락이고 대화의 시간이며 서로를 알 수 있는 시간이었으면 좋겠습니다. 또한 가족이 서로를 이해하고 자녀의 정서적 안정을 도모할 수 있는 시간이면 좋겠습니다. 말은 거창하지만 사실 어려운 것이 아닙니다. 몰라서 못하고 있을 뿐입니다.

이렇게 해보세요. 사춘기 자녀가 이끄는 곳으로 가세요. 즐겁게 먹고, 마음 터놓고 이야기 할 수 있게 하세요. 자녀의 말에 기쁘게 리액션 하세요. 음식에 대한 칭찬도, 음식점 인테리어와 색다른 요리에 대한 감탄도 잊지 마세요. 내 자녀가 아니라면 누구도 데리고 와주지 못할 곳입니다.

그리고 맛있게 먹고 기쁘게 돈을 내면 됩니다.

청소년에게 식사란 종합예술입니다. 그러니 식사가 나오면 기도를 하는 것이 아니라 사진부터 찍는 것입니다. 그리고 사진과 음식에 대한 품평을 남들이 알 수 있게 블로그에 올리고 친한 사람에게 전송하는 것입니다. 그러니 먹는 것보다 더 많은 말을 하는 것입니다. 웃고 떠들고 즐거워 합니다. 그들에게 식사는 엔터테인먼트입니다.

자녀들이 입시를 준비하게 되면 대부분의 식사는 간단하게 해결하곤 합니다. 편의점이나 간편 음식, 패스트푸드로 해결합니다. 심한 경우는 걸으면서 먹고, 먹으면서 공부하기도 합니다. 그런 자녀가 1주일에 한 번 혹은 1달에 한 번 아빠와 같이 하는 식사시간이 설레인다면 얼마나 좋을까요?

그리고 가능하다면 식사 시간에 훈육을 하는 것은 피하는 것이 좋습니다. 시간이 없는 아빠의 입장에서 식사와 훈육 혹은 조언(아빠의 생각에만)을 같이 하는 것이 효율적이겠지만 **'밥 먹는 때만이라도 즐겁게'**가 어떤 훈육보다 자녀에게 도움이 될 것 같습니다.

아빠가 스마트폰을 부쉈다

　문장 완성검사를 하면 가끔 '아빠가 ○○○을 부쉈다'라는 글을 작성하는 내담자가 있습니다. 스마트폰뿐만 아니라 자녀의 방문을 부수기도 하며 텔레비전을 던지기도 합니다. 물건을 부수는 행위 자체가 폭력입니다. 폭력으로 자녀에게 원하는 것을 이루기는 거의 불가능합니다. 청소년 자녀의 게임(스마트폰)중독을 예로 들어 이야기해 보려 합니다.

　청소년 내담자가 상담에 오는 가장 흔한 이유는 '중독'에 관한 것입니다. 부모들은 중독이라고 하면 대표적으로 게임중독만 생각하지만 중독의 매개체는 그 무엇이라도 가능하기 때문에 내원 이유도 다양합니다. 게임중독뿐 아니라 스마트폰 중독도 흔하며, 외모중독(다이어트, 성형)도 많습니다. 특히나 다이어트 중독에 의한 폭식증은 너무나 흔한 내원 이유입니다. 또 하나 최근에는 관계에 대한 어려움으로 내원하는 청소년들이 증가하고 있습니다. 단지 중·고등학생의 학교 부적응에 대한 문제가 아닙니다. 대학교에 다니거나, 회사에 취직하고도 다른 사람과 어울리지 못해서 힘들어 하는 사람은 많습니다. 관계의 어려움에는 관계불안과 관계중독의 모습을 볼 수 있습니다. 타인과의 관계에서 부정적인 생각으로 매사 불안해하거나 또는 지나치게 집착하는 모습을 보입니다.

그중에서 게임중독은 청소년에게 학습장애뿐 아니라 은둔형 외톨이가 되는 흔한 원인으로 알고 있습니다. 이미 오래 전부터 우리는 게임에 지나치게 몰두하는 것을 '중독'이라고 표현했습니다. 알코올이나 약물처럼 '중독'이라는 질환으로 인식하고 있었습니다. 이번에 세계보건기구WHO가 '게임장애Gaming Disorder'를 세계질병분류기구ICD에 개별코드로 넣는다고 밝혔습니다. 이제 게임중독이 질병으로 공식화되었습니다.

중독은 두뇌활동이 억제되고 감정을 조절할 수 없게 합니다. 그래서 중독이 있는 사람들은 생각하지 못한 사고를 저지르거나 끔찍한 범죄를 유발하기도 합니다. 2016년 삼성병원에서 조사한 바로는 성인 100명 중 1명이 게임중독으로 나타났으며, 남성이 젊을수록 유병률이 높아, 18세에서 29세 남성 유병률은 5%에 이른다고 조사되었습니다. 특히나 청소년의 게임이용률과 중독현상이 큰 문제로 나타나고 있습니다.

세계보건기구(WHO)가 규정한 게임중독 증상

1. 다른 취미나 활동보다 게임을 최우선으로 함.

2. 게임을 하는 행동을 멈출 수 없음.

3. 문제가 생기더라도 게임을 계속하거나 시간을 늘림.

4. 개인, 가족, 사회, 학습, 일 등에 중대한 문제가 생김.

위와 같은 행동을 12개월 이상 반복하면 중독으로 간주

WHO가 규정한 4가지를 모두 충족시킬 뿐 아니라 수년간 은둔형 외톨이로 지낸 내담자가 여러 명 있었습니다. 그들 중 완벽하지는 않지만 어느 정도 사회생활도 하고 이전보다 좋아진 내담자도 있으며, 상담이 단기에 끊어지는 경우도 있었습니다. 게임중독뿐 아니라 다른 매개체를 이용한 중독은 다양하고 그 중독의 정도도 개인마다 다양하기 때문에 어느 하나의 방법으로 중독이 치유되는 일은 없습니다. 한 마디로 개인에 따라 다른 처방을 해야 합니다. 이런 이유로 청소년을 대상으로 한 게임중독 예방과 교육은 실질적으로 도움이 미미합니다.

어쨌든 은둔형 외톨이가 될 만큼 게임중독이 심했던 내담자가 그래도 어느 정도 중독의 모습에서 벗어난 경우에는 모두 공통점이 있었는데, 그것은 가족과 소통하고 게임 이외의 다른 재미있는 대체재를 조금이라도 찾은 경우입니다. 어느 매개체이든 중독의 모습을 보일 정도면 관계를 통한 소통이 거의 끊어진 경우가 많았습니다. 가족, 친구, 연인 등 어느 누구와도 소통을 하고 있지 않았습니다. 이때 가족은 가장 쉽고 가장 중요한 관계를 회복시킬 수 있는 존재입니다. 같이 산책하고 커피

를 마시고 어색하지만 대화를 시작하면서 조금씩 게임에서 벗어날 수 있었습니다. 이런 진부한 처방이 어떻게 폐인(?)이 된 게임중독 자녀에게 도움이 되었는지 궁금하겠지만, 중독의 원인이 결국 치료방법이 된 셈입니다.

WHO에서 규정한 범위 내의 중독 증세를 보인다면 정서적 소통이 거의 막힌 경우가 대부분입니다. 당연히 가장 좋은 처방은 정서적 교류를 통해 자신이 아직 사랑받을 수 있는 존재라는 것부터 알게 하는 것입니다.

아빠를 위한 제안

게임은 청소년의 문화입니다. 마치 아이들이 스타벅스를 선호하는 것과 비슷합니다. 그러니 단지 게임을 못하게 하거나 게임이 나쁘다는 식으로 말하는 것은 오히려 게임에 더 집착하게 만드는 이유가 될 수 있습니다. 상담에서 가장 흔하게 부모가 하는 말은 "스마트폰 치웠어요. 고3 폰으로 바꿨어요.", "PC방에 못 가게 했지요, 노트북도 뺐았고요."입니다. 또 과격한(?) 아빠는 자녀의 스마트폰을 부수기도 합니다. 스마트폰을 부순다고 게임중독이 해결될까요?

중독의 증세를 보이는 자녀에게도 이런 방식은 도움이 되지 않습니다. 하물며 보통의 청소년에게 이런 접근은 바람직하지 않습니다. 하루 종일 자녀를 감시할 수는 없습니다. 아마 학원에 가면 공부는 하지 않고 친구의 스마트폰을 빌리거나 와이파이가 터지는 곳에 몰래 숨어있기도 할 것입니다. 이렇게 집착을 하면서 마음속으로는 자책할 것입니다.

저의 큰 아이는 어릴 때부터 집에서 '플레이스테이션'이라는 게임을 습니다. '삼국무쌍', '철권' 등 당시에 유행한 게임을 했습니다.(제가 알고 같이 한 게임이 이 두 가지뿐입니다.) 그런데 저는 게임하는 시간을 보장해 주었습니다. 아주 철저히. 그리고 대부분의 시간은 아빠와 같이 했습니다. 같이 하면 게임은 더 즐겁습니다. 아들은 지금도 게임을 합니다. '포켓몬'은 벌써 10년 이상 하고 있습니다. 대학에 입학하고는 '롤 League of Legends, LOL' 게임을 합니다. 이제 아빠와 게임을 하지는 않습니다. 그러나 가끔 게임에 대해 아빠에게 이야기 합니다. '롤' 게임에 대해 잘 알지도 못하는 아빠는 아이에게 잘 반응해 줍니다.

자녀가 좋아하는 것에 대한 존중은 자녀에 대한 배려입니다. 비록 그것이 부모의 눈에 하찮게 보일지라도 더 그렇게 해야 합니다. 스마트폰, 혹은 게임기를 부수는 것은 게임중독에 도움이 되지 못할 뿐 아니라 자신이 존중받지 못했다는 정서를 가지게 됩니다. 자녀의 게임중독 증세를 조금이라도 고치고 싶다면 자녀의 게임을 존중해 주세요.

인정받지 못한 자

　수 년전 상담을 했던 30대 후반의 여성 은희 씨가 있습니다. 미혼이었고 대학은 별 볼일 없는(본인의 말을 그대로 하자면) 대학을 나왔습니다. 억척스럽게 일을 했고 경제적으로, 또 그 일을 하는 사람들 중에선 사회적으로도 성공했습니다. 상담센터를 방문한 이유는 우울증과 체중 조절을 반복적으로 실패하는 것 때문이었습니다. 상담을 하면서 결국은 심리적인 문제에 기인한다는 것을 알게 되었고, 가장 큰 이유는 아빠에게 인정받고 싶다는 욕망 하나였습니다.

　은희 씨는 아빠를 빼면 누구에게나 인정받는 인재입니다. 제가 보기에도 외모, 경제력, 능력도 좋아보였습니다. 본인 스스로도 자신이 성공했다고 말합니다. 그런데 왜 불행할까요? 모두에게 인정받는 사람과 소중한 사람에게 인정받는 사람 중 누가 더 행복할까요?

　상담을 통해 은희 씨는 건강하게(?) 독립을 했습니다. 독립을 하기 전에는 너무 무서웠지만, 하고 나니 오히려 마음이 가벼워졌고 좀 더 객관적으로 자신의 처지를 바라볼 수 있게 되었습니다. 여전히 자신의 본가, 특히 아빠에 대한 인정욕구를 다 버린 것은 아니지만 그 때문에 불행해지면 안 된다는 것을 확실히 알게 되었습니다. 아마 아빠에게서 완전히 독립하지 못할 수도 있습니다. 심리적, 정서적 독립은 경제적, 육체적 독립보다 어렵습니다. 그러나 인정 욕구 때문에 더 이상 불행하다고 느끼면서 살지 않을 수는 있습니다.

은희 씨처럼 자신의 사회적 성취를 이루고서 독립하려는 경우는 그래도 희망이 있습니다. 그렇지 못한 경우도 있습니다. 최고의 대학, 대학원을 나왔지만 자신이 원한 길을 가지 못하고 부모의 일을 도우면서 사는 경우도 있습니다. 부모의 일을 도우면서 사는 것이 나쁘다는 것이 아닙니다. 영원히 아빠의 인정만을 갈구하며 살게 된다는 것입니다. 겉으로 보기에는 괜찮고, 평안해 보일 수 있지만 본인뿐 아니라 가족 전부에게 불행한 일입니다. 당연히 할아버지 말에 따라 모든 것이 결정되니 손주들에게도 부담이 됩니다.

이런 아빠의 태도에는 공통점이 있습니다. 많은 경우 성취지향적이며, 매사 부정적인 말과 표정, 또한 자녀의 성과에 민감합니다. 그런데 아빠 본인은 성과 때문에 자녀에게 스트레스를 주지 않았다고 합니다. 반대로 자녀는 아빠의 눈치를 봅니다. 또 자녀 한 명에게 성과를 독려하지는 않지만 다른 형제와 혹은 자신 그리고 다른 집 자녀와 무의식적으로 비교합니다. 은희 씨의 경우 역시 다른 형제와의 비교를 오랜 시간에 걸쳐 느꼈습니다. 그래서 다른 형제보다 더 성공하고 부모에게 잘하려는 무의식이 강했습니다. 또 하나의 특징은 그럼에도 불구하고 자녀를 독립시키지 않는 경우도 있습니다. 이런 경우는 대부분 아빠와 같이 일을 합니다. 물론 아빠의 일을 돕는 경우가 대부분입니다.

은희 씨는 일을 하면서 부모님에게 경제적으로 많은 도움을 드렸습니다. 다른 케이스에서도 마찬가지로 부모님에게 도움을 주는 경우가 있습니다. 대부분 인정요구가 있는 자녀는 부모에게 어떡하든 경제적, 심리적 도움이 되기를 원합니다. 그래서 비록 자신이 힘들더라도 부모에게 도움을 주는 것을 멈추지 못합니다. 그런데 문제는 이런 도움을 받은 부모에게 칭찬이나 고마움의 표시를 적절히 받지 못했다는 것입니다. 그러니 시간이 가면서 더 불행하다고 느낍니다. 가끔은 도움을 주고 불평불만을 들어야 하는 경우도 있습니다. 이런 부분 때문에 은희 씨가 독립을 하게 된 것입니다.

은희 씨의 경우는 이미 아빠가 경제적, 육체적으로 약해지고 있어서 은희 씨만의 상담으로 해결 가능한 경우였습니다. 만약 아빠가 아직도 경제적, 사회적으로 왕성하게 활동을 하는 경우에는 인정욕구를 벗어나기 힘듭니다. 만약 아빠가 상담을 통해 이런 사실을 알고 도와준다면 자녀에게 큰 도움이 됩니다. 부모를 기쁘게 하려고 눈치를 보는 자녀를 만들면 안 됩니다. 자신이 스스로 기뻐할 수 있는 자녀로 자라게 해주어야 합니다.

　20대 후반 이상의 내담자 중에는 엄마에게는 밀착하는 유형과 아빠에게는 인정받으려는 유형이 있습니다. 엄마와는 마치 친구나 자매처럼 붙어다니거나 일거수일투족을 상의합니다. 마치 유아기 자녀로 돌아간 모습입니다. 그런데 아빠에게는 이런 모습이 적은 반면 아빠의 인정에 목말라 하는 경우가 있습니다. 이는 정형화된 부모 역할과 누가 더 정서의 교감을 중시하는가에 따른 것입니다. 부모 역할이 변화되면 달라질 수 있습니다. 만약 사회적으로 성공한 엄마 밑에서 기대를 한 몸에 받고 자란 딸은 아빠가 아니라 엄마에게 인정욕구가 생길 수 있습니다. 인정요구가 강한 자녀는 아빠가 "잘했다.", "괜찮아." 하면 화색부터 변합니다.

　부모에게는 자녀의 부족한 부분이 누구보다 잘 보일 것입니다. 그것을 보완함으로써 자녀의 발전을 도모하려고 할 것입니다. 또는 부모가 성격적으로 불안감이 높거나(실제로 심리검사에서 불안지수가 높은 경우가 있음) 부정적인 성격인 경우도 있습니다. 또 성취지향적이어서 더 큰 욕심을 감추지 못하는 사람도 있을 것입니다. 어떤 이유든 자녀를 인정하기보다는 더 많은 요구를 할 수 있습니다.

　문제의 핵심은 인정받지 못한 자녀는 행복하지 않다는 것입니다. 설사 부모를 위해 성공한 삶을 산다 해도 결코 행복하다는 정서를 느끼지 못합니다. 부모의 인정은 자녀에게 자아 존중감을 줍니다. 자존감은 행복의 중요한 열쇠입니다. 부모의 인정에 자녀는 사랑받고 있다는 느낌을 받습니다. 사랑받지 못한 자녀는 행복해지기 어렵습니다.

타인의 감정에 무딘 아이

　상식적으로 생각하면 어려움을 많이 겪은 사람이 남의 어려움을 더 잘 이해하고 공감할 것이라고 생각합니다. 마찬가지로 정서적으로 불안정한 감정을 많이, 깊게 경험한 사람이 다른 사람의 불안정한 정서를 쉽게 이해하고 공감할 것이라 생각합니다. 그런데 상담을 해보면 오히려 반대의 모습을 보이는 경우도 있습니다.

　자녀가 극단적인 감정의 변화를 겪는 예는 많습니다. 불안정한 심리 상태를 가진 부모에 의해서일 수도 있고, 예기치 못한 불행으로도 극단적인 감정의 변화를 겪기도 합니다. 부모의 싸움으로 인해 그런 경험을 하는 경우도 있습니다.

　부부가 극단적으로 싸우는 경우, 가령 물건을 던지거나 폭력을 쓰거나 과격한 언어와 욕을 하는 경우에 자녀의 감정은 매우 극단적으로 몰리게 됩니다. 부모의 이런 싸움이 반복되면 불안과 같은 심리적 증세를 가져오고 심화시키는 것은 당연합니다. 그런데 이런 극단적인 싸움을 자주 목격한 자녀가 사춘기가 되면 이상하리만큼 다른 사람의 정서에 무심한 경우가 있습니다.

"난 더 했는데 그게 뭐가 문제예요?"

한 내담자는 자신의 친구가 부모 때문에 힘들다는 하소연을 듣고는 아무 일도 아닌데 "웬 호들갑이야, 난 더해."라며 친구를 냉정하게 대했습니다. 당연히 친구와는 멀어졌고 내담자는 그 이유를 알지 못했습니다. 친구가 멀어진 이유를 몰랐고 오히려 친구에게 섭섭함을 느꼈습니다.

내담자는 자신은 더 불행한 환경에서 자랐기 때문에 그 정도의 부모 문제는 아무것도 아니라는 생각을 가지고 있었습니다. 내담자는 더 큰 극단적인 감정의 변화를 자주 겪다 보니 이 정도의 문제로는 감정의 변화가 없었던 것입니다. 마치 매운 음식을 먹고 나면 좀 덜 매운 음식은 싱겁게 느껴지는 것과 같습니다.

또 하나의 특징은 사람과의 관계가 깊어지지 않는다는 것입니다. 관계가 깊어지면 상대방의 속에 있는 이야기도 들어야 하는데 기쁘고 즐거운 이야기보다는 무겁고 심각한 이야기도 들어야 한다는 것입니다. 그런데 이런 관계를 한두 번 갖다보면 그런 이야기를 듣는 것이 얼마나 괴로운 일인지 알게 됩니다. 그러다 보니 깊은 관계로 진행하는 것을 무의식적으로 거부하게 됩니다. "친구는 많은데 진짜 친구인지는 모르겠어요." 이런 말을 하는 사람 중에는 극단적인 부모의 모습을 보고 상처를 받은 경우가 꽤 있었습니다. 겉으로 보기에는 친구도 많고, 많은 모임이 있으며 즐거워 보이지만 진정한 정서적인 관계가 없으며, 스스로 '너무 외롭다'라고 느끼거나 혼자 폭식을 한다든가, 스마트폰 중독의 모습을 보이기도 하는 것입니다.

또 하나, 친구들을 보면 비슷한 상처를 가지고 있는 친구만 있습니다. 상처가 있고 그래서 동병상련처럼 갑자기 친해지게 됩니다. 이렇게 서로 쉽게 통하는 친구를 만나는 것 자체가 문제는 아닙니다. 서로 속마음을 털어놓고 위로를 받는다면 우울감에도 도움이 됩니다. 그런데 문제는 같은 정서적 문제가 있는 친구만을 만나게 되면 사고가 편협해진다는 것입니다. 마치 세상이 다 불공평하고 아빠는 다 그렇게 소리치고 물건을 던지는 사람으로 각인되어 버립니다. 그리고 이런 문제로 폭식이 생겨도 당연하다고 느끼거나 아니면 지나치게 부끄러워하기만 합니다. 둘째로, 친구가 위로는 되지만 그렇다고 좀 더 나은 방향으로의 대안을 제시하지 못한다는 것입니다. 이런 환경에서는 공부를 포기하지 않고 혹은 자신의 꿈을 포기하면 안 되는 이유도 찾기 힘듭니다. 마치 가라앉고 있는 배를 떠나지 못하는 모습과 같습니다.

부모의 극단적인 감정의 변화에 의한 피해는 유소년기에 주로 발생합니다. 그런데 그 피해로 인한 문제는 사춘기에 처음으로 생깁니다. 초등학교 저학년까지는 부모의 영향력이 있어서인지 큰 문제없이 지나가지만 사춘기에 들어가 친구와 깊은 관계를 만들어 나가면서 여러 가지 문제가 발생합니다.

아빠는 정서의 공감에 무딘 편입니다. 정서적 대화도 서툴고 자녀의 마음에 공감하는 것에 어색해 하기도 합니다. 이런 성격의 아빠는 부부 싸움이 아니라도 자신의 감정을 주체하지 못하고 화를 내는 경우가 있습니다. 그런데 화를 내고 나면 스스로 미안하다는 생각도 들고 후회도 되니 무언가 보상할 방법을 찾게 됩니다. 아빠는 물질적인 보상을 하는 것이 최선이라고 생각합니다.

정말 어쩌다 한 번이라면 그렇게 나쁜 방법도 아닙니다. 그런데 이런 패턴이 반복되면 자녀에게 매우 안좋은 영향을 미칩니다. 아주 특징적으로 남의 감정에 무관심하고 공감이 없는 성인을 만들기 쉽기 때문입니다.

남의 감정에 무딘 것만으로도 사회생활이나 타인과의 관계에 어려움이 생깁니다. 이것은 자녀가 건강한 사회인으로 생활하는 데 큰 어려움이 될 수 있습니다. 또 하나의 문제는 결국 스스로의 감정에도 무디게 된다는 것입니다. 스스로 행복하지 않다는 감정을 느끼고 그로 인해 좀 더 파격적인 일탈과 급격한 감정의 변화가 있는 모험(?)을 추구하기도 합니다. 일탈과 모험이 행복을 가져다주지 못한다는 것은 당연합니다.

자녀 앞에서 급격한 감정의 변화와 부모가 지나치게 격렬하게 싸우지 않아야 한다는 것은 너무 잘 알고 계실 것입니다. 이렇게 조심하는 것이 자녀의 정서를 안정시키는 첫번째 방법입니다. 그러나 안타깝게도 실수를 했다면 자녀의 마음을 위로하고 설명해주는 것이 차선입니다. 아무 일도 없었던 것처럼 다음 날 일어나 평소처럼 생활하는 것은 좋은 방법이 아닙니다. '아무 말 안하면 잊겠지'라고 안이하게 생각하겠지만 의외로 부모는 잊어도 자녀는 그렇지 못합니다. 작은 다툼은 그냥 넘어가도 흔적이 남지 않을 수 있지만 큰 다툼은 그냥 넘기지 않는 것이 좋습니다. 이것은 부부 사이에도 마찬가지입니다. 더군다나 반복된 다툼의 경우라면 자녀에게 생각보다 더 큰 정서적 상처가 되고 그 후유증은 시간이 갈수록 커질 수도 있습니다.

아빠에게 배우는 이성관

부모가 적응이 안 되는 사춘기 문화 중 이성관계가 있을 것입니다. 상담에서는 가끔 제가 생각지도 못한 이성관계에 대한 이야기를 하는 경우도 있습니다. 제가 여기서 바람직한 혹은 보통의 이성관계는 이 정도다,라고 범위를 정하려는 것은 아닙니다. 바람직한 이성관계라면 아무리 세대가 다르고 문화가 바뀌어도 서로를 존중하고 배려한다면 그 모습에 관계없이 바람직한 관계일 것입니다.

비정상적인 이성관계 혹은 성적 행위를 문제로 상담하러 오는 사람도 있습니다. 사실 처음부터 성적인 문제로 내원하는 경우는 거의 없습니다. 다른 심리적 문제로 상담하던 중 비상식적인 성문제가 노출되는 경우가 대부분입니다. 이런 경우 내담자와 부모가 단지 성문제로 국한해서 문제를 해결하려고 한다면 대부분의 상담은 실패합니다. 이것은 단지 이성관계에 국한된 문제가 아니라 내담자가 타인과 어떻게 관계를 맺고 살고 있는가에 대한 문제이기 때문입니다.

자녀의 성에 대한 이야기를 처음 접하게 되면 대부분의 부모는 부정하거나 감추려고만 합니다. 그리고 비상식적 성관계의 원인을 상대방 이성 때문이라고 하거나 발달된 인터넷 때문이라고 굳게 믿기도 하며, 사회적 풍토 때문이라고도 합니다. 다 합당한 이유가 됩니다. 이런 이유 말고도 가정 내에서 겪은 신체적 학대, 성적 폭력이 원인이 되는 경우도 있습니다.

폭력과 성적 학대는 이미 범죄로 인식하고 있고, 이런 경우를 제외하더라도 비상식적인 성문제는 있습니다. 부모는 그 이유가 무엇인지 궁금해 합니다. 그런데 이유는 너무 평범합니다. 인정욕구에 의한 경우도 있으며 스스로 소중한 사람이 아니라는 의식의 고착 때문인 경우도 있습니다. 수 없이 많은 심리적 증세의 원인은 가장 기본적인 것에서 시작되는 경우가 대부분입니다. 다만 증세가 다양하고 강도가 넓다는 차이가 있을 뿐 대개 자존감이 낮고 사랑의 불만족에서 기인합니다.

비정상적인 이성문제는 대인관계의 문제이며 관계불안의 일종입니다. 관계불안은 상담실에서 두 가지의 모습을 보입니다. 하나는 극도로 관계를 피하는 경우이며, 또 하나는 반대로 집착하거나 너무 많은 피상적인 관계를 가지는 것입니다. 모습은 정반대이지만 뿌리는 같은 경우가 많습니다. 그래서 이런 성적인 문제도 관계를 바탕으로 풀어야 합니다. 단지 학교에서 시행하는 성교육 프로그램이 심리적 상처가 있는 자녀에게 도움이 안 되지 않는 이유입니다.

아이가 학교에 다니기 시작하면 '진로적성'과 '성교육' 프로그램은 학교에서 필수적으로 진행합니다. 평범한 고등학생도 웬만한 성교육에 대해서는 이런 교육을 받지 않은 부모보다 잘 알고 있습니다. 혹시 궁금하면 자녀에게 물어보셔도 됩니다. 보통의 사춘기 학생에게는 이런 성교육 프로그램이 도움이 되겠지만 심리적 문제가 있는 청소년에게는 교육보다는 심리상담이 필요합니다.

바람직한 이성관계가 중요한 이유는 비정상적인 이성관계는 시간이 지나면서 내담자의 자아를 파괴하기 때문입니다. 이런 이성관계는 마치 중독처럼 반복·지속되는 경향을 보입니다. 이성문제 혹은 성적문제는 내담자의 자존감과 밀접한 연관이 있으며 하나의 상징으로 볼 수 있습니다.

아빠를 위한 제안

'인간은 관계의 동물이다'라는 명제만큼 인간의 행복의 단초를 정확히 지적한 말도 드뭅니다. 바람직한 관계를 맺기 위해 의사소통은 너무나 중요합니다. 타인과의 의사소통을 위한 첫 시작은 무엇이며 가장 중요한 사람은 누구일까요?

가족 내에서 부모와 자녀의 대화가 그 시작이며 가장 중요한 사람 역시 부모입니다. 특히나 아빠의 경우는 더 중요합니다. 바람직한 이성관계를 위해 더 많은 성교육이 필요할 수 있지만 저는 그 시간에 가족, 특히 아빠와 더 많은 대화를 하라고 권유하고 싶습니다.

제가 상담을 하면서 느낀 점은 사람이 가지고 있는 지능, 육체, 미모 등 다양한 재능 중에서 타인과 소통하는 능력은 살면서 가장 필요한 재능입니다. 타고난 부분도 있지만 부모와 대화하고 소통한다면 자신에게 필요한 만큼의 소통 능력은 배양된다고 생각합니다.

자녀의 성문제를 위해서 부모가 좀 더 적극적인 성교육을 해야 한다는 의견도 있습니다. 아마 부모가 하는 성교육이 도움이 되는 경우도 많을 것입니다. 그러나 부모에게 성교육을 받을 정도로 부모와 소통하고 신뢰한다면 제 생각엔 타인에 대한 배려와 존중이 기본적으로 넘치는 청소년일 것입니다. 그러니 비이성적인 성문제를 만들 가능성이 적습니다. 저는 오히려 자녀와 일상적인 소통(정서 포함)을, 즉 대화를 하라고 권하고 싶습니다. 사춘기 시기에 아빠에게 존중 받은 청소년에게 관계의 부족으로 인한 성적 문제는 적을 것으로 보입니다. 그러니 성교육보다 더 중요한 것은 아빠와 대화를 통한 존중입니다.

착해서 불행한 아이

우리는 살면서 가능하면 좋은 일을 많이 하기를 원합니다. 매달 정기적으로 후원을 하기도 하고, 틈틈이 봉사활동을 하기도 합니다. 뜻하지 않는 재난이 있으면 발 벗고 나서 어려운 이웃을 돕기도 합니다. 이런 거창한 일이 아니라도 일상에서 작지만 착한 일을 합니다. 무거운 짐을 대신 들어 주기도 하고 자리를 양보하기도 합니다. 이렇게 작은 선행을 하면서 우리는 기쁘고 행복하다는 정서를 느낍니다. 그런데 무거운 짐을 대신 들어주었더니 기분이 나쁘고, 이웃의 어려움을 돕고 나니 불행하다고 느낀다면 이 감정은 뭔가 맞지 않습니다.

친구의 부탁을 들어주고, 일과가 끝나고 혼자 뒷정리를 하고, 부모의 말을 거역하지 않았던 '착한 내담자'들은 상담에서 스스로 우울하고 불행하다고 표현합니다. 내담자들이 우울하고 불행하다고 느낀 이유가 한 가지는 아닙니다. 다양한 심리적 상처와 환경적 요인이 있습니다. 그런데 그들 사이에 한 가지 공통점이 있었습니다. 그것은 자신의 감정 표현이 거의 없다는 것입니다.

친구의 부탁을 들어 주고, 양보를 해도 사실 나이 어린 친구들은 섭섭함이라던가 아쉬움의 감정이 있을 수 있습니다. 또는 표현이 약해 어쩔 수 없이 양보를 하는 경우도 있습니다. 그런데 "잘했어요."라는 한 마디로 끝나면 어린 친구의 감정은 복잡해집니다. 처음에는 잘 모르지만 이런 감정이 쌓이면 우울하다는 정서를 느끼게 됩니다.

"양보해서 섭섭하지 않아?"

"친구 부탁 들어줘서 힘들지 않았어?"

이와 같은 착한 아이의 정서를 돌보는 질문은 가끔 칭찬보다 더 큰 정서적 안정을 줍니다. 착한아이 증후군Good Boy Syndrome은 부정적인 생각이나 정서를 감추고 타인에 말에 무조건적으로 순응하면서 착한 아이가 되려는 경향을 말합니다. 착한아이 증후군은 성인만이 가지고 있는 현상이 아닙니다. 오히려 나이 어린 친구들이 더 많이 가지고 있으며, 성인이 된 어느 날 갑자기 생기기보다는 오랜 시간 마치 습관처럼 몸에 배이게 됩니다. 착한 행동을 하지만 불행한 느낌, 이것이 착한아이 증후군의 문제입니다.

착한 아이라고 불리는 친구들을 보면 거절 못하는 아이, 양보 잘 하는 아이, 순종적인 아이 등이 있습니다. 초등학교 저학년임에도 친구에 대한 배려도 있고, 부모 말에 순종적입니다. 그런데 상담을 통해 이야기를 하다 보면, 이 아이들은 자신의 감정을 표현하는 데 너무 서툽니다. 힘들다, 불편하다, 하기 싫다 등의 말을 거의 하지 않습니다. 그 나이의 친구들에 비해 어른스럽거나 내성적인 것처럼 보입니다. 그러나 시간이 지나 저를 신뢰하게 되면 자신이 가지고 있는 불편한 마음을 너무 잘 표현합니다. 결국 내담자는 불편한 것이 없어서 순종적이었던 것이 아닙니다. 표현하는데 서툴거나 감정이 억압되어 있어서 표현하지 못했던 것입니다.

진짜 착한 아이는 행복해야 합니다. 착한 행동을 해서 행복하다고 느낄 수 있는 아이로 키우려면 자녀의 마음에 있는 불편한 마음을 들어주어야 합니다. 자녀에게 화가 나거나 부정적인 생각이 드는 것 자체가 나쁜 것이 아니라 자연스러운 것이라는 걸 깨닫게 해주어야 합니다. 그저 말로 가르친다고 알 수는 없습니다. 다만 화와 부정적 생각을 표현하고 어떻게 감정을 다스릴 수 있는지 정말 천천히 가르치고 체화되도록 연습시켜야 합니다.

가끔 상담을 하다 보면 청소년 내담자가 부모를 경찰에 신고한 경우가 있습니다. 큰 폭력은 아니지만 다투다 서로 마찰이 있었고 아이가 부모를 경찰에 신고했습니다. 주의를 받고 끝났지만 부모에게는 큰 충격이었습니다. 그러나 제 생각엔 오히려 다행입니다. 서로에 대한 생각을 알고 정확히 무엇이 문제인지는 모르지만 변해야 한다는 것도 절실히 알았을 것입니다.

어떤 부모는 너무한 것 아니냐고 하겠지만 몇년 전만 해도 학교 선생님을 신고한다는 것을 상상하지 못한 시대에서 자랐기 때문일 뿐입니다. 만약 신고하지 못하고 참고 지냈다면 아이의 미래는 눈에 선하게 보입니다. 아마 무기력한 성인이 되거나 분노조절장애라는 말을 듣고 살았거나 더 심한 심리적 증세를 보이고 자기 탓이라는 죄책감에 살 수도 있었을 것입니다.

자녀에 대해 잘 모르면서 "우리 아이는 착한 아이였어요."라고 말을 합니다. 그 의미에는 '순종적'이라는 의미가 포함돼 있습니다. 그러나 사춘기 자녀 중에 '착한 아이'는 없습니다. 아이가 너무 착하다면 다시 봐야 합니다.

아빠를 위한 제안

내담자가 착한아이 증후군인지 알 수 있는 간단한 방법이 있습니다. 상담을 하다 어느 순간 부모를 상담실로 들어오게 하면 바로 전까지 자신의 불편함, 억울함, 우울감을 호소하던 내담자의 태도가 갑자기 바뀝니다. 의젓하고, 활기차고, 밝은 표정으로 목소리까지 변합니다. 내담자는 부모에게 자신의 어둡고, 나약하고, 부족한 모습을 보여주고 싶어하지 않습니다. 그래서 내담자는 착한 일을 하고도 불행하다고 느끼는 것입니다.

'착한아이 증후군'이라는 말이 한때 사회적으로 이슈가 된 적이 있습니다. 위에서 제가 언급한 모든 아이들은 대부분 착한 아이였습니다. 그래서 부모들은 대부분의 심각한 일탈을 모르고 있었습니다. 그럼 왜 그 아이들은 착한 아이가 되었을까요? 그 이유는 너무 다양합니다. 자신의 어려움을 이야기하기에는 부모가 힘들어 보여서 말할 수 없었던 아이도 있습니다. 또 부모의 불안정한 감정 기복 때문인 경우도 있고, 부모가 정서적으로 소통하기보다 그저 '극복해라, 별 일 아니다.'라고 강요한 경우도 있었습니다.

저는 여기서 다른 방식을 이야기 하고 싶습니다. 그것은 부모의 인식이 바뀌어야 한다는 것입니다. '착한 자녀는 없다'고 생각하세요. 사춘기 자녀가 착하다면 다시 봐야 합니다. 만약 사례의 부모들이 이런 생각을 했다면 자녀의 심각한 일탈을 늦게라도 알 수 있었을 것입니다. 그런데 부모가 '내 아이는 착하고, 착하면 좋은 거다'라는 인식을 갖고 있다면 쉽게 알 수 있는 자녀의 변화를 놓치게 되는 것입니다. 정확히 말하자면 모른 척 하는 것입니다.

우리가 원하는 착한 아이는 자녀가 건강하게(정서적으로) 자란 후 성인이 돼야 될 수 있습니다. 지금은 건강해지기 위해 혼란을 겪는 시기입니다. 그러니 지금 착한 자녀가 있다면 주의 깊에 보아야 합니다.

사춘기 자녀에게 부모가 좀 더 편한 대상이였으면 좋겠습니다. 약해 보여도, 조금 모자라 보여도 괜찮은 그런 상대였으면 좋겠습니다. 그래서 안에서 징징대고 밖에서 밝은 모습으로 씩씩하게 살았으면 좋겠습니다. 다 큰 것 같은 자녀의 징징거림도 넉넉한 마음으로 받아주세요.

하고 싶은 것이 없어요

　상담 전문가마다 유독 어려운 상담이 있겠지만 저는 무기력에 빠진 내담자가 가장 힘듭니다. 아마 부모 입장에서도 뭘 어떻게 해야 할지 모르는 가장 대표적인 경우가 무기력에 빠진 자녀일 것입니다.

　'무기력에 빠졌다'고 하면 우울증의 경우를 생각할 수 있습니다. 오랜 시간 우울증 약을 복용중인 내담자는 스스로 무기력하다고 합니다. 그런데 제가 보기에 무기력은 아니었습니다. 이야기를 들어보면 정말 무기력합니다. 집에 있는 시간의 대부분을 누워있거나 잠만 잡니다. 그런데 좀 더 자세히 이야기를 들어보면 꼭 그렇지만은 않습니다. 집에서는 잠만 자지만 밖의 활동은 활발히 잘합니다. 친구도 만나고 취미생활도 왕성하게 합니다. 무기력한 것이 아니라 집을 싫어하는 것이었습니다.

　그럼 진짜 무기력한 내담자는 어떨까요?

　기본적으로 누워서 상담을 하는 경우도 흔합니다.

그리고 "하고 싶은 것이 없어요."라고 말합니다.

부모 역시 아무것이라도 좋으니 하고 싶은 것을 하라고 합니다. 그런데 정말 아무것도 하지 않습니다. 이것이 진짜 무기력입니다.

소진증후군Burn Out이 한때 유행처럼 관심이 높았습니다. 소진증후군의 끝에는 무기력이 자리잡고 있습니다. 상담실에서 보는 무기력도 소진증후군 끝에 오는 경우가 많습니다. 다만 상담실에서 만나는 무기력은 일반인의 소진증후군과 다른 면이 있습니다. 너무 열심히 일하다 자신이 가지고 있는 에너지를 모두 방전시킨 것은 비슷하지만 이들의 무기력에는 조금 다른 과정이 있습니다.

소진증후군은 원래 사회인을 대상으로 정의한 것이지만 상담실을 찾는 초등학교 저학년부터 20대 중반의 젊은이들은 대부분 열심히 노력한 것은 맞지만 그보다 더 중요한 것은 싫어하거나 혹은 재능이 없는 것을 하다가 생기는 경우가 더 많다는 것입니다. 그래서 너무 열심히 했다고 말하기 어렵기도 합니다. 물론 과부하가 걸려서 소진증후군이 오는 것은 맞지만 싫어하는 것을 억지로 하다가 반복적인 심리적 상처가 나는 경우가 많습니다. 예를 들어 많은 학원을 가기는 하지만 딱히 열심히 공부하지는 않습니다. 그래서 내담자의 부모는 이렇게 말합니다.

"뭘 노력했다고 그러니."

너무 열심히 일해서 소진되는 것보다 하기 싫은 것을 강요받아서 무기력에 빠지면 경과는 더 나쁩니다. 모든 것을 다 싫어하는 마음이 생기기 때문입니다. 청소년이 하기 싫어하는 것은 너무 많습니다. 대표적으로 싫어하는 것을 그냥 '공부'라고 하겠습니다. 하기 싫은 공부, 누구나 마찬가지입니다. 그럼에도 무기력으로 빠지지 않게 하는 방법은 즐거운 것도 같이 하게 하는 것입니다. 이것을 그저 '노는 것'이라 칭하겠습니다. 자녀가 놀 때 마음껏 놀면 무기력까지 가지는 않습니다. 사실 중·고등학교 자녀가 부모 생각만큼 마음껏 노는 경우는 드뭅니다. 그저 눈에 놀기만 하는 것으로 보일 뿐입니다. 진짜 무기력에 빠지면 정말 놀기만 합니다.

아빠를 위한 제안

무기력 증상으로 상담센터에 올 정도라면 단기간에 무기력을 해소할 수 있는 방법은 거의 없습니다. 무기력까지 간 시간만큼 오랜 시간이 필요한 것이 무기력 상담입니다. 무기력한 자녀에게 아빠가 하는 가장 흔한 실수는 이벤트입니다. 큰 선물을 사주거나 혹은 비싼 여행, 또는 단시간 자녀의 기분을 좋게 하면 무기력이 해소될 것으로 착각하는 것입니다. 그러나 무기력 치유는 단시간에 어렵습니다. 마치 나사를 조이는 것과 푸는 것이 반대 방향인 것처럼 무기력은 그때까지 온 것과 반대의 모습으로 천천히 해결하는 것이 좋습니다.

하기 싫은 것을 오랜 시간 하게 되면 내담자는 하기 싫은 일을 더 저주(?)하게 되고 점점 본인이 좋아하는 것이 무엇인지 잊게 됩니다. 그 단계가 지나면 그냥 모든 것이 다 싫어집니다. 그래서 누워만 있는 것입니다. 먹지도 않고.

이 과정을 반대로 하는 것이 무기력의 치유 과정입니다.

첫째로 하기 싫은 일을 그만두는 것은 기본입니다. 마치 이 과정만으로 자녀가 무기력에서 벗어 날 수 있다고 생각하는 것은 큰 오산입니다. 부모는 "하고 싶은 거 마음대로 해."라고 말하기도 합니다. 그러나 지금은 하고 싶은 것이 무엇인지 잘 모르는 경우가 대부분입니다. 그래서 그저 일상에서 소소한 재미를 느끼게 해야 합니다. 천천히 감정이 살아나야 스스로 좋아하는 것에 대한 열망이 생깁니다.

자녀가 좋아하는 것이 생기고 열망이 생기기까지 오랜 시간이 걸리기 때문에 부모도 지치게 됩니다. 이때가 부모들이 주의해야 할 때입니다. 이제 막 좋아하는 것이 생길 때 자녀는 무언가 해보려고 하지만 생각만큼 잘 되지 않습니다. 이때 격려하고 용기를 주는 것이 정말 중요합니다. 이미 무기력을 경험했기 때문에 자녀는 매우 취약한 상태입니다. 잘못하면 작은 좌절 때문에 더 깊은 무기력에 빠질 수도 있습니다.

자녀가 무기력까지 오는 과정은 생각보다 깁니다. 그래서 중간에 충분히 알 수 있는 시간이 있었을 것입니다. 오늘이라도 재미있고 즐거운 (자녀 입장에서) 이벤트를 해보세요. 이전에 자녀가 좋아했던 것(영화, 놀이동산, 맛있는 저녁)에 자녀가 시큰둥하다면 자녀의 정서가 많이 무디어진 것입니다.

순종에서 존중으로

"부모님은 잘못한 거 없어요."

검사상 우울 수치가 지나치게 높았던 현아는 제가 부모의 부정적인 말과 행동도 하나의 원인이라고 하자 오히려 부모님 편을 들었습니다.

상담에서는 저는 무조건 내담자 편입니다. 기본적으로 내담자는 자신이 하고 싶은 말을 충분히 하고 위로를 받으면 1차적으로 마음의 상처가 해소됩니다. 그 이후에 상처가 생긴 이유를 돌아보고 이해하는 과정이 필요합니다. 그 과정에서 아이들에게는 부모에 대한 이야기를 빼고 말할 수가 없습니다. 부모에 대한 이야기를 하는 것은 부모를 비난하고 지적하기 위해서가 아니라 부모를 진정으로 이해할 수 있도록 하는 데 있습니다. 가족이라고 하지만 특히 사춘기 자녀가 부모를 진정으로 이해하기는 어렵습니다.

내담자 A는 불안 수치가 높습니다. 그리고 매사에 끝까지 마무리 하지 못하는 특성이 있습니다. 가령 시험 2주 전부터 열심히 공부를 합니다. 그러나 막상 시험 3일 전이 되면 그때부터는 공부에 집중하지 못하고 결국 시험을 포기하거나 더 나아가 학업을 포기했으면 좋겠다는 생각을 합니다. A가 이렇게 불안감이 높아진 이유는 여러 가지 있습니다. 그중에 한 가지 원인은 엄마의 양육 태도였습니다.

"그러다 안 되면 어떡하니?"
"잘 안될 것 같아, 하지 마."
"무섭다, 불안하니 조심해라."

A의 엄마는 A를 사랑하지만 자신의 말 표현이 자녀를 불안하게 만들었다는 것을 몰랐습니다. 물론 A도 인식하지 못했습니다. A는 이런 말을 하게 된 엄마를 나중에 이해하게 되었습니다. 불우한 가정환경과 무책임한 아빠 때문에 어린 시절 모든 것이 불안했던 엄마는 이런 마음이 일상적으로 굳어진 것입니다.

이렇게 불안 수치가 높은 아이의 특이한 공통점은 초등학교까지는 성적이 우수하고 모범생이지만 중학교 어느 시점이 되면 일탈이 심하지는 않더라도 갈수록 성적이 떨어진다는 것입니다. 그리고 그에 동반된 우울감과 불안감이 높아집니다. 그렇다고 공부를 포기하는 것도 아닌데 시험기간만 되면 신체적으로 아프기도 하고 갑자기 무기력해지기도 합니다.

지금도 A는 불안 증세에서 완전히 탈출하지는 못했습니다. 그래도 자신이 왜 마지막에 시험을 포기했는지도 알았고 엄마도 이해한다고 했습니다.

사춘기 자녀가 부모 말을 듣지 않거나 거역하는 모습에 더 민감한 쪽은 아빠입니다. 자신의 틀이 강한 것이 원인이고 권위에 대한 도전으로 받아들이기도 합니다. 게다가 아빠는 자녀가 부모를 존경해야 한다는 가치관도 더 강합니다.

"어떻게 부모한테 그럴 수 있습니까?"

"부모에게 그러는 놈이 밖에서는 잘하겠어요?"

아빠는 이렇게 마음을 토로하기도 합니다.

열심히 산 아빠는 자녀에게 존경 받기를 원합니다. 그러나 (아빠의 관점에서) 자녀가 말도 안 되는 불만과 트집을 표현하면 존경은커녕 원망만 있다고 생각하게 됩니다. 자녀의 이런 감정이 아빠에게는 더 힘듭니다. 그런데 상대를 알고 이해하는 과정 없이 존경하는 것이 가능할까요? 맹목적으로 존경을 강요하기보다는 충분히 이해한 후에 생기는 존경과 사랑이 오래 갑니다.

지금 시대의 부모와의 관계와 효의 모습은 순종하는 모습에서 서로 존중하는 모습으로 변해가고 있습니다. 실제로 청소년 내담자들은 자기 부모를 너무 사랑합니다. 그래서 더 아픈 것입니다.

아빠를 위한 제안

부모세대는 '효', '나라에 대한 충성' 같은 가치관을 배우며 자랐습니다. 상담에서 부모들은 자신의 부모와 자녀 사이에 낀 세대라고 푸념을 하기도 합니다. 저도 '효'의 중요성을 학창시절 내내 배운 세대입니다. 그러나 최소한 시대가 변했다는 것을 깨달아야 합니다. 많은 청소년은 친구들과 만나면 엄마, 아빠에 대한 뒷담화를 자주 합니다. 아마 그 광경을 본다면 조금 놀랄 수 있습니다. 고지식한 아빠의 입장에서 보면 "어떻게 친구와 부모 욕을 할 수 있느냐?"고 반문하겠지만 그렇다고 있는 사실이 없어지지는 않습니다.

　자녀가 부모에 대한 비판을 한다는 것 자체가 부모를 미워하거나 혹은 비난하려는 이유만은 아닙니다. 오히려 부모를 이해하기 위해서인 경우가 더 많습니다. 상담도 마찬가지입니다. 위에서 말한 상담의 예가 아니라 하더라도 우리는 양육을 하면서 많은 실수를 합니다. **사실 아이가 많은 시행착오를 겪는 것만큼 우리도 육아에서 많은 시행착오를 겪습니다.** 상담에 온 청소년의 경우에는 그 실수가 지나치거나 혹은 너무 오랫동안 반복되어 심리적 상처가 정신적인 질병으로 변한 경우입니다.

　"부모 탓 좀 그만해라."라는 말도 듣습니다. 특히나 청소년의 불만을 그저 배부른 투정으로 생각해 어려운 환경을 극복한 청년들의 이야기를 하면서 더더욱 '부모 탓 그만해라'라고 합니다. 그런데 사춘기 자녀에게 가장 많은 영향을 주는 것은 부모입니다. 제도, 사회, 환경, 경제력, 친구 등 모든 것을 포함해도 가장 큰 영향을 미치는 것은 부모의 양육태도입니다. 그러니 제가 보기에 부모 탓 좀 해도 괜찮습니다. **오히려 부모 탓 좀 해본 자녀가 부모를 더 사랑하고 더 존중하지 않을까요?** 맹목적인 존경보다 충분히 알고 하는 존경이 더 가치 있지 않을까요?

아빠는 낀 세대

　지금 4, 50대 부모들은 자신들을 '낀 세대'라고 합니다. 전쟁을 겪고 너무 어려웠던 시기를 보낸 조부모 세대와 다양성이 폭발해서 주관이 없으면 어디로 가는지도 모르는 지금 세대와 사이에 있습니다. '낀 세대'라는 의미도 여러 가지가 있습니다. 그중에는 원가정과 지금의 가족 사이에서 마치 슈퍼맨처럼 활약을 하다가 자녀를 상담실에 데리고 오는 경우도 있습니다. 부모에 대한 공경과 존경이 가장 중요한 가치관이었던 세대지만 자녀에게 아무런 도움을 받을 수 없는 첫 세대기도 합니다. 실제로 미래에셋은퇴연구소의 조사에 따르면 5, 60대의 34.5%가 '더블 케어(자녀와 부모)' 상황이라고 했습니다. 이렇게 원가정과 현가족 그리고 본인의 일까지 모두 잘할 수 있을까요?

　이런 현상이 부모세대의 숙명인지는 모르지만 실제 상담을 하다 보면 우리가 생각하는 것보다 힘들어 하는 경우가 많습니다. 생각해 보면 당연합니다. 자기의 일을 하면서 자녀를 양육하는 것을 슈퍼맨, 슈퍼우먼이라고 하는데 거기에 부모를 모시는 것까지 더해진다면 쉬운 일은 아닙니다.

이렇게 '더블 케어'를 하는 부모에게는 몇 가지 특징이 있습니다. 장남 혹은 장녀인 경우가 많고 집안에서 결혼 전까지 많은 기대를 받았던 경우입니다. 특이한 것은 부부 모두가 원가정에 대한 책임감이 강한 사람들이 결혼한 경우가 꽤 있었습니다. 그래서 엄마와 아빠가 각각 원가정의 일에 발벗고 나서기도 합니다. 자녀가 심리적으로 문제가 생기는 경과도 비슷했습니다. 원가정에 대해 신경을 쓰다 보니 점점 자녀와의 관계가 소홀해지는 시기가 생기고 그 기간이 길어질수록 자녀의 문제는 더 악화되는 형태를 보였습니다. 가령 한 부모는 1주일에 자녀와 대화하는 시간이 1시간도 안되었지만 원가족과 대화하는 시간은 거의 매일 1시간 이상이라고 했습니다. 또 하나 재미있는 것은 원가족은 이런 케어에 대해 그다지 고맙게 느끼고 있지 않았다는 것입니다. 그래서인지 생각보다 원가족과의 마찰과 갈등도 흔했습니다.

경제적인 여유가 있다면 경제적으로는 '더블 케어'가 가능할 수도 있습니다. 그러나 정서적인 '더블 케어'는 경제적인 것보다 더 힘듭니다. 모두를 위해 노력은 하지만 시간도 부족하고 바쁘다 보니 아무래도 독선적이고 작은 실수가 계속되기 마련입니다. 하다못해 원가족을 위해 가구 하나를 산다고 해보죠. 가구를 사는 것은 중요한 일이지만 원가족이 좋아하는 것을 사야 받는 사람도 기쁩니다. 그런데 필요치 않는 것이나 원가족이 싫어하는 색깔과 모양으로 마음대로 고르고 배달시킨다면 과연 노력에 대한 보상(고맙다는 말 등)이 있을까요?

이들이 원가정에 집착하는 이유는 다양했습니다. 불쌍한 어머니에 대한 연민이 강한 경우도 있으며, 부모에게 인정받고 싶은 욕구에서 벗어나지 못한 경우도 있습니다. 그러나 부모님이 가장 원하는 것은 자녀의 가족이 행복한 것이 아닐까요? 그러니 우선순위를 꼭 정해야 한다면 지금 가족에게 충실한 것이 먼저라고 생각합니다.

아빠를 위한 제안

요즘은 워라밸work and life balance이 트렌드입니다. 일과 생활의 균형이라는 뜻으로, 한때 일과 가정의 균형을 강조하던 것에서 한걸음 더 나간 것입니다. 50대 부모에게는 어쩌면 사치처럼 느껴질 수 있습니다. 나의 생활은 고사하고 유지하는 것도 벅차다고 말합니다.

"부모님에게도 잘하고 자녀와의 관계도 좋게 할 수 있게 노력해야죠."

이런 조언이 과연 얼마나 도움이 될까요? 저는 이런 조언은 하지 않습니다. 그런 능력이 있는 사람이라면 불행하지도 않을 것이며 상담에 오지도 않을 것입니다. 원가정, 현 가족 그리고 자기의 일까지 다 잘하는 사람이 있을까 궁금합니다. 그래도 아빠는 원가정과 현가족 그리고 일 사이에서 균형을 맞추기 위해 노력할 것입니다. 그러니 이렇게 해보는 것은 어떨까요?

조금씩 포기하는 것입니다. 원가정도, 현가족도, 일도 조금 내려놓으면 어떨까요? 제가 두 아이와 지내다 보니 집안 일이 너무 어려웠습니다. 매일 치워도 다시 지저분해지는 것은 당연합니다. 그런데 방 청소하는 것을 적당히 포기하니 생각보다 아이들과 지내기가 편했습니다. 그렇다고 모든 것이 다 해결되는 것은 아니지만 매일 정리하고 청소하는 것보다는 좋았습니다.

낀 세대 부모는 너무 열심히 삽니다. 잘하려는 마음도 강하고 못하면 큰일이 날 것처럼 호들갑을 떱니다. 한 아빠는 매일 피곤하다고 하면서 매주 주말은 원가정에 가서 뭔가를 했습니다. 그런데 이제는 한 달에 한 번만 가는 게 어떨까요? 한 주는 자신을 위해, 다음 주는 자녀들과, 그리고 그 다음 주에 부모님을 만나러 가면 어떻까요?

아마 정답은 없을 것입니다. 깊이 배인 가치관을 바꾸기도 쉽지 않을 것입니다. 그래도 한 가지, 자녀가 행복해지는 것이 가장 우선순위가 아닐까요?

아빠는 도덕선생님

　자녀가 크면서 부모를 판단하거나 비교하기 시작하는 때가 사춘기입니다. 초등학교 저학년까지는 서로의 부모에 대해 비난을 하거나 비교 분석하지 않지만 중학생만 되어도 아이들은 달라집니다. 스스럼없이 자신의 부모에 대한 이야기를 하다보면 "이건 잘못됐어.", "어떻게 이럴 수가 있어."하며 부모의 말과 행동 그리고 가치관에 대한 비판을 하게 됩니다. 그래서 이 시기부터 부모에게 순종하기보다는 반항하게 되는 것입니다. 순종적인 자녀가 갑자기 무섭게 변하는 때도 이때입니다.

　민수는 대학생입니다. 분노조절장애로 내원했습니다. 분노의 대상은 아빠였습니다. 민수 누나의 말에 의하면 너무나 착한 동생이었으며 누구보다 아빠 말을 잘 듣고 따르는 아들이었습니다. 아빠는 폭력을 쓴 경험이 없었습니다. 민수가 변한 것는 대학에 입학 후부터입니다.

"모든 아빠는 다 같은 줄 알았어요."

상담에서 민수 씨가 한 말입니다.

그럼 민수 씨 아빠는 어떤 아빠였을까요?

민수 씨 아빠는 자녀에게 폭력을 쓰는 아빠는 아니었습니다. 그런데 흥미로운 이야기가 있습니다. 민수 씨 아빠는 끊임없이 훈계, 교훈 등을 연설하는 사람이었습니다. 아들의 힘든 것을 듣거나 다정하게 이야기 하는 법을 몰랐습니다. 아들을 앞에 앉혀 놓고 세상을 사는 좋은 가치관에 대한 이야기를 했습니다. 아껴 쓰고, 남에게 친절하게 하고 규범과 도덕을 지켜야 하고 또 열심히 살아야 한다고 했습니다. 이런 아빠의 이야기는 고등학교까지 민수 씨를 착한 아들로 자라게 했습니다. 그런데 민수 씨는 대학에 가서 같은 나이의 친구들과 많은 시간을 가지면서 알게 되었습니다. 친구의 아빠들은 더 다정했습니다. 위로도 잘 해주었고, 마치 친구처럼 지내는 모습을 보았습니다. 그러면서 민수 씨는 자신이 불행하다고 느끼고, 그 불행이 아빠 때문이라고 생각하게 되었습니다.

사춘기에 엄마보다 아빠에 대한 태도가 급격히 달라지는 것은 엄마에 대해서는 친구들 사이에서 예전부터 이야기를 많이 하기 때문인 것 같습니다. 또 엄마보다 더 절대적(?)이라고 믿었던 아빠가 다른 친구들의 아빠와 비교 되면서 느끼는 실망감이 커서 자녀의 마음이 더 급하게 변하는 경우도 있습니다. 민수 씨의 경우도 비슷합니다. 만약 민수 씨 아빠가 폭력적이거나 혹은 비난받을 행동과 말을 계속했던 분이라면 오히려 민수 씨는 일찍이 아빠에게 실망했을지도 모릅니다. 그런데 지나치게 도덕적, 윤리적이라는 것이 비난받을 일은 아닙니다. 민수 씨도 도덕적인 아빠에게 실망한 것이 아닙니다. 그럼 왜 도덕적인 아빠가 비난을 받게 되었을까요?

저의 생각에는 '아빠는 도덕선생님이 아니기 때문'입니다. 이 답은 다른 내담자를 통해서 알게 되었습니다. 한 내담자의 아빠도 민수 씨와 비슷했습니다. 그 내담자는 아빠에 대한 기억을 묻는 질문에 "7살 때 내가 친구와 싸웠는데 아빠는 옳고 그름을 따지면서 저를 혼냈어요."라고 말했습니다. 그리고 "아빠는 내편이 아니었어요."라고 했습니다. 7살에 아빠의 행동이 아빠에 대한 모든 기억이 되었습니다. 내담자가 원한 아빠는 어떤 일이 있어도 자신의 편을 들어주는 아빠였습니다. 윤리적·도덕적 측면으로 보면 바람직한 교육이 아닐 수 있습니다. 그러나 자녀의 편을 먼저 들고 난 후에 가르쳤다면 어떨까요?

아빠를 위한 제안

"그렇다면 제 말이 틀린 것입니까?"

아빠는 항변합니다.

아닙니다. 민수 씨는 교훈적인 아빠에게 불같이 화가 난 것일까요? 아닙니다. 민수 씨는 다정하지 못한 아빠에게 화가 난 것입니다. 부모의 본분이 도덕과 규범보다는 다정함에 있다고 생각해도 될 것입니다. 그리고 **예의, 규범과 같은 도덕적 가치는 교육도 중요하지만 부모의 뒷모습을 따라하는 것입니다.** 배워서가 아니라 느껴서 하는 행동입니다.

자녀 양육에서 예의는 중요한 교육 목표 중 하나입니다. 1600년대 존로크는 '교육론'에서 자녀 양육에서 중요한 4가지 중 '예절'을 하나로 여겼습니다. 최근에는 '갑질'에 대한 사회적 관심이 많아 자녀에게 예의범절을 배우게 하는 단기 강좌와 캠프도 있다고 합니다. 비용도 상당합니다. 문제는 예절을 이런 강좌와 캠프로 해결할 수 없다는 것입니다.

자녀에게 예의범절을 가르치는 것도 중요합니다. 그러나 더 중요한 것은 '따뜻한 마음'입니다. 이것은 가르치는 것이 아니라 느끼는 것이며, 부모에게서 느껴야 합니다.

지금 자녀를 불러 앉혀놓고 도덕교과서 같은 이야기 하려면 그보다 먼저 '내가 널 많이 사랑한다'는 것을 느끼게 하는 것이 먼저입니다.

안 보일 때가 더 중요하다

　인간은 눈앞에 보이는 것에 현혹되기 쉽습니다. 자녀를 양육함에 있어서도 마찬가지입니다. 특히 공부를 하는데 있어서 결과만으로 판단하는 경우도 있지만 보이는 것으로 판단하는 경우도 많습니다.

　"애가 공부는 열심히 했는데 이상하게 성적이 안 올라가요."라는 말은 쉽게 들을 수 있습니다. 그렇지만 냉정하게 말하면 보이는 곳에서만 공부를 하고(척 하고) 안 보이는 데서는 거의 하지 않았기 때문에 성적이 올라가지 않는 것입니다. 성적에는 다른 요인도 많지만 열심히 하면 성적은 오릅니다.

　부모는 자신이 보이는 부분을 믿게 되고, 보이는 부분을 통제하려고 합니다. 이런 예가 몇 가지가 있습니다. 자녀의 게임 시간을 정하는 것, 스마트폰과 인터넷 사용, 그리고 독서실도 있습니다. 게임과 스마트폰을 무작정 제한하면 과연 자녀들은 부모의 희망대로 스마트폰과 게임을 절제할까요? 어쩌면 부모의 뜻을 따르는 경우도 있을 것입니다. 그런데 상담에 오는 많은 청소년의 말은 부모와 다릅니다.

욱이는 우울증 호소로 내원한 고등학생입니다. 엄마는 욱이가 성적이 떨어지면서 우울증이 생겼다고 믿습니다. 그러니 처방은 간단합니다. 성적을 올리기 위해 더 많은 사교육을 하는 것입니다. 아마 이런 가족이 생각보다 많을 것입니다. 그런데 문제는 그 다음입니다. 이상하게 학원에 더 많이 다닐수록 욱이의 성적은 더 떨어지고 욱이는 더 우울하다는 것입니다.

"아이는 열심히 하는데 왜 성적이 안 오르는지 모르겠어요?"

욱이 부모는 상담에서 이렇게 말했습니다. 욱이와 상담이 진행되면서 욱이가 가지고 있는 우울증의 원인이 성적과는 크게 관계가 없다는 것을 부모에게 설명했습니다. 그리고 욱이가 성적이 오르지 않는 이유도 설명했습니다.

"학원을 줄여야 해요. 혼자 공부할 수 있는 시간도 충분히 가져야 합니다."

욱이는 학원에 가면 친구 스마트폰으로 하루 종일 게임을 합니다. 욱이 부모님은 스마트폰이 학습에 나쁜 영향을 미친다는 말을 믿고 아이에게 스마트폰 대신 폴더폰(고3폰)을 사주었습니다. 그러나 욱이는 학원 수업 대신 친구의 스마트폰을 선택했습니다. 만약 욱이 부모가 조금 다르게 생각했다면 욱의의 학습에 바람직한 방향을 제시하지 않았을까 생각합니다.

부모 앞에서는 순종적이고 착한 모습만 보이는 내담자도 이와 마찬가지입니다. 부모 입장에서 자녀가 예의 바르고 착한데 우울증의 증세가 있다면 틀림없이 부모가 모르는 이유가 있습니다. 청소년 자녀를 전부 감시하거나 자녀의 모든 것을 통제할 수는 없습니다. 전부는 고사하고 자녀가 부모와 지내는 시간은 잠자는 시간 말고는 거의 없는 것이 현실입니다. 그럼에도 부모는 눈에 보이는 것만 통제하면 괜찮을 거라고 생각하는 것 같습니다. 어쩌면 부모 눈에 보일 때만 엉망인 자녀가 오히려 밖에서는 부모가 바라는 모습으로 생활하고 있지 않을까 하는 생각을 해봅니다.

청소년 자녀의 일상을 전부 감시할 수도 없으며 그래서도 안 되기 때문에 자녀를 믿을 수밖에 없습니다. 자녀가 부모의 기대에 부응하는 경우라면 큰 문제가 없지만 그렇지 못한 청소년도 많습니다. 그렇지만 그럴수록 자녀에게 믿음을 보여주어야 합니다.

아빠를 위한 제안

사춘기 자녀와의 관계에서 '신뢰'라는 단어만큼 중요한 것은 없습니다. 어쩌면 사춘기 자녀 양육의 근본 바탕은 '신뢰'이며, 서로의 신뢰를 쌓는 과정을 '양육'이라고 할 수도 있습니다. 유아기 아이의 육아에서도 부모가 아이에게 보여주는 신뢰가 자녀의 자존감 형성에 가장 중요한 요소라는 것은 이미 증명된 사실입니다. 이는 인간관계의 형성에 신뢰가 중요한 바탕이 됨을 보여주는 것입니다. 당연히 사춘기 자녀와의 신뢰는 매우 중요합니다.

그런데 사춘기 자녀의 특성상 불확실성이 높고 일탈에 대한 욕구가 성인보다 왕성하다는 데 문제가 있습니다. 사춘기 자녀는 우리가 바라고 우리가 예상하는 것보다 신뢰를 저버리기 쉽습니다. 이 점을 명심하고 사춘기 자녀와의 신뢰를 만들어야 합니다. 이 말은 같은 성인보다 자녀에게 좀 더 관대하고 많은 기회를 주어야 한다는 것을 의미합니다.

그리고 여기서 더 중요한 양육의 원칙이 있습니다. 자녀에게는 더 관대하고 우리는 자녀에게 더 신뢰를 보여주어야 한다는 것입니다. 이 말은 자녀가 어떤 이유에서든 신뢰를 저버렸어도 우리는 다시 자녀에게 신뢰하고 있다는 믿음을 주어야 한다는 것입니다.

청소년의 스마트폰 사용이나 게임은 학습에 나쁜 영향을 미칠 수 있지만 그렇다고 무작정 금지하는 것은 더 많은 부작용을 야기합니다. 적절히 조절하는 자녀에게는 차라리 집에서 편히 할 수 있는 시간을 허락하는 것이 더 좋습니다. 충분히 배려 받았다고 느끼면 자녀 역시 신뢰를 보여줄 것입니다.

문제는 이런 약속을 잘 지키지 않는 자녀를 어떻게 해야 하는가에 있습니다. 상담에서 그런 청소년을 만나다 보니 그럴수록 더 신뢰해야 한다는 결론에 도달했습니다. 비록 처음엔 실망하겠지만 자녀를 더 믿고 다시 믿는 것이 차선책이 되는 것을 많이 보았습니다. 따끔한 훈육도 신뢰가 있어야 효과가 있었습니다. 신뢰 없는 훈육은 공허한 메아리에 불과합니다.

전 몰랐습니다

아무리 가족이라고 해도 가족의 마음을 전부 알 수는 없습니다. 이것은 부부라도 마찬가지입니다. 이제 사랑을 시작해서 아무것도 보이지 않는 연인은 상대방에 대해 모든 것을 다 알고 싶고, 다 안다고 생각할지 모르지만 사실 그렇지 못한 경우가 더 많습니다.

"애가 그럴 줄은 정말 몰랐어요."
"말을 안 해주는데 어떻게 다 알 수 있겠어요?"
아무래도 이런 말은 아빠가 더 많이 합니다. 엄마보다는 자녀와 지내는 시간이 적고 자녀를 관찰하는 능력도 부족하기 때문입니다. 아이가 어릴 때는 자녀를 좀 안다고 할 수 있지만, 사춘기 자녀의 속마음을 아는 것은 아빠에게는 가끔 넘사벽과 같습니다.

사춘기 내담자 중에는 몸에 끊임없이 자해를 하는 경우도 있으며, 집에 오기 전에 지하철 화장실에서 반복해서 구토를 하는 친구도 있습니다. 또 시간과 돈이 생기면 혼자 모텔에 들어가 마음껏 어지르고 술 마시고 폭식을 하는 내담자도 있고, 밖에 나가는 것이 무서워 집밖에는 한 발자국도 나가지 못하는 내담자도 있습니다. 부모는 이런 이야기를 "왜 안 했니?"라고 묻습니다. 사실 안한 것이 아니라 못한 것입니다.

몇 년 전에 50대 부부를 상담했습니다. 서로간의 차이와 오해로 인한 여러가지 심리적 문제가 있었습니다. 그런데 상담 중에 아내가 남편에게 크게 섭섭했던 것을 이야기 했습니다. 내원하기 몇 년 전 남편은 심장에 이상이 생겼고 스텐트stent 시술을 했습니다. 그런데 이 모든 과정을 아내와 상의 없이 혼자서 했다는 것입니다. 시술이 끝나고 이 사실을 안 아내는 당연히 섭섭했고 분노했습니다. 스텐트 시술은 심장에 가는 혈관이 막혔을 때 하는 비교적 안전한 시술로 알려져 있지만 화가 난 아내의 마음은 충분히 이해가 갑니다.

"말하면 걱정만 하지, 혼자 하는 것이 더 편해서요."

아내의 불만에 남편이 한 말입니다.

이 말은 청소년 내담자가 부모에게 흔히 하는 말과 같습니다.

"뭐 하러 말해요. 더 힘들기만 한데."

상담에서 부모가 자녀에 대해 몰랐다는 것을 비난하거나 잘못했다고 하지 않습니다. 아무리 이상적인 가족이라고 해도 서로를 전부 다 알 수는 없기 때문입니다. 그럼 무엇이 문제였을까요?

스텐트 시술을 한 남편의 마음과 같습니다. 힘든 이야기를 하고 싶어도 상대가 걱정하는 모습에 마음이 편하지 않고 더 힘들 거라고 예상했을 것입니다. 그런데 자녀가 부모에게 느끼는 감정도 비슷합니다. 아마도 자녀는 말하고 싶은 마음이 굴뚝같았을 것입니다. 그러나 매번 자기의 어려운 이야기를 할 때마다 돌아온 것은 부모에 대한 실망감이었습니다. 어느 정도 자신의 말에 공감해 주기를 바랐지만 그렇지 않은 부모의 태도가 반복될수록 실망도 커졌을 것입니다. 자녀는 어쩌면 말하고 싶어서 일탈을 하는지도 모릅니다.

사춘기 자녀의 일탈이 어느 정도인지 전혀 모르는 부모들은 그 사실을 알고 나면 세상이 무너진 것 같다고 합니다. 대학에 다니는 딸의 빈번한 이성교제 이야기를 들은 엄마는 자녀의 귀가시간을 저녁 8시까지 정해 놓았습니다. 이미 대학을 다니는 자녀는 강제적으로 엄마의 말에 따르긴 했지만 시간이 지나고 나서 엄마에게 돌아온 것은 배신감이었습니다. 자녀는 "누가 밤에 모텔에 가요, 낮에 가면 되지."라는 말을 저에게 했습니다.

맞는 말입니다. 억지로 자녀의 일탈을 막을 수는 없습니다. 그러면 다시 도돌이표가 됩니다. 자녀는 부모에게 아무 말도 안하고 부모는 다시 모르고 지내게 됩니다. 야단치거나 비난하는 것보다 처음에는 도저히 안 될 거 같더라도 계속해서 자녀와 대화하는 것이 차선책은 됩니다.

아빠를 위한 제안

"연애를 할 때는 즐거웠는데 결혼을 하니 반대인 것 같아요."

이유야 수 없이 많지만, 제가 하고 싶은 말은 당연하다는 것입니다. 결혼은 현실입니다. 결혼을 하면 즐겁고 재미있는 대화보다는 무겁고 진지한 이야기를 더 하게 됩니다. 그러나 이런 대화조차도 둘이 더 바람직한 관계를 만들고, 가치 있는 인생을 위한 과정이라고 생각하면 그저 즐겁고 재미있는 대화보다 더 편할 수 있을 것입니다.

자녀가 자해를 하거나 반복해서 구토를 하거나 지나친 일탈을 해도 부모가 모를 수 있습니다. 그러나 자녀가 그렇게 힘든 일을 말하지 못했다는 것이 문제입니다. 말을 안한 것이 아니라 못한 것이기 때문입니다.

부모도 인간이기에 자녀의 힘든 이야기를 듣는 것이 쉽지 않습니다. 그런데 자녀는 그런 이야기를 해야 건강해질 수 있습니다. 마음에 있는 힘든 이야기는 신뢰하고 가장 가까운 사람에게만 할 수 있습니다. 이야기를 하면서 자신의 감정을 조절하고 정서의 찌꺼기도 배출하는 것입니다. 그런데 부모 입장에서는 매번 그런 이야기를 듣는 것이 부담스럽기 때문에 자신도 모르게 거부하게 됩니다. 그러면 점점 자녀도 부모에게 힘든 이야기를 할 수 없게 됩니다.

연애 초반에는 재미있고 즐거운 이야기를 해야 이성에게 신뢰를 쌓을 수 있지만 시간이 가면 힘든 일을 잘 들어주고 공감하는 이성에게 더 신뢰를 가지게 됩니다. 그래서 연애할 때는 사랑과 신뢰는 오랜 시간 같이 산 배우자에게 느끼는 사랑과 신뢰와는 다른 것 같습니다.

자녀가 오늘 자신의 불편한 마음을 토로한다면 내가 모르는 다른 큰 일은 없다고 안심해도 됩니다. 그러나 "아무 일 없어."라고 말한다면 더 걱정하는 것이 좋습니다. 사춘기에 아무 일도 없는 날은 없습니다.

강한 아빠의 퇴장

작은 아이가 대학에 가자 옷 문제로 서로 의견이 부딪히는 경우가 있었습니다. 사실은 이전부터 그랬는데 아이가 참고 지냈을 가능성이 있습니다. 제가 보기에 예쁘고 좋은 옷은 아이가 거부하고, 아이가 좋다고 하는 옷은 내가 보기에는 어색합니다. 사실 양육에 있어 자녀와의 다툼은 심각한 문제보다는 이런 아주 사소한 차이에 의해 생기는 경우가 많습니다.

저와 작은 아이와의 패션 감각은 시대의 변화 때문인 경우가 많습니다. 예쁜 옷을 입고 싶다는 욕구는 같지만 어느 옷이 예뻐 보이는지는 서로 다릅니다. 그렇다면 아이가 입을 옷은 누가 골라야 할까요? 당연히 아이가 골라야 합니다. 또래가 입는 옷, 최신 유행에 맞는 옷, 지금의 문화를 나타내는 옷이 자녀가 원하는 옷입니다.

아빠를 바라보는 시선도 이처럼 시대의 변화에 따라 달라진 것 같습니다. 자녀를 사랑하고 자녀가 건강하게 사회에 나가게 도와준다는 의미는 같지만 양육에 대한 태도, 아빠의 모습 등은 달라진 것 같습니다.

"다 때려쳐."
"다 기부하고 죽으면 그만이야."

상담을 하다 보면 정말 강한(?) 아빠를 만나곤 합니다. 표정도 근엄하고, 말도 거칩니다. 끝, 반드시 등의 극단적인 단어를 자주 사용합니다. 어떤 가족을 만났는데 아빠를 제외한 가족 모두가 우울증과 불안 장애 등의 심리적 증세를 가지고 있었는데, 아빠를 만나 보니 그 이유를 쉽게 알 수 있었습니다. 경제적, 사회적으로 성공한 아빠의 강함이 가족 모두를 기죽이고 있었습니다.

언제부터인지 '강함'이라는 단어를 바라보는 사회적 시선이 바뀌었습니다. 특히 남자의 강함은 매력보다는 비호감으로 느껴집니다. 오히려 부드러운 남자를 더 매력적이라고 선호하니, 강한 남자의 매력은 이제 없는 것 같습니다.

이렇게 강한 아빠는 강하다는 것에 매우 심취해 있습니다. 강해야 살아남고, 강하지 못하면 실패자가 되고, 나약해서는 쓸모가 없다고 말합니다. 그래서 자녀에게 "나약한 놈, 그래서 뭘 하겠니."라고 말하곤 합니다. 그런데 '강하다'는 말의 반대가 '나약하다'인가요? '부드럽다'가 아닌가요? 또 아빠의 강함에는 육체적 강함과 내면의 강함이 포함되어 있습니다. 자녀가 의지가 강하고 자신의 주관이 있기를 원했을 것입니다. 내면이 강해도 표현은 부드러울 수 있겠지요.

외유내강外柔內剛이라고 합니다. 겉으로는 부드러우나 마음은 꿋꿋하고 굳세다는 의미입니다. 진짜 강한 사람은 부드럽지만 내면은 단단한 사람일 것입니다. 가장 소중하고 사랑하는 사람에게 거칠게 표현하는 것이 강한 남자는 아닌 것 같습니다.

아빠를 위한 제안

아빠의 역할 변화는 사실 지금 40대 이상의 아빠가 따라가기 너무 빠른 경향이 있습니다. 가부장적인 아빠, 근엄한 아빠를 보고 자란 세대에게 지금은 엄마 같은 아빠, 친구 같은 아빠가 되길 바라니 그 간극이 큰 것도 사실입니다.

상담이 잘 진행되면 그 가족의 많은 것이 변합니다. 심리적으로도 그렇고 일상에서도 사소한 많은 변화를 겪게 됩니다. 그런데 가족의 기쁨과 행복은 매우 큽니다. 엄마가 하는 긍정적인 말 한 마디에 감동 받기도 하며, 아빠가 하는 첫 요리에 이전에 느끼지 못한 즐거움과 추억을 얻기도 합니다. 아빠의 미소와 부드러운 말투가 때로는 상담 100분보다 더 효과가 있습니다. 오늘 근엄한 얼굴을 벗고 가족을 위해 간단한 것이라도 요리하는 아빠는 어떨까요?

부모의 꿈에 갇히다

명현이 엄마는 자녀의 입시에 '모든 것을 걸었다'라는 표현이 어울릴 정도로 열심입니다. 자녀가 명문대에 입학하는 것이 양육의 목표입니다. 자신은 지방의 대학을 나왔고, 남편은 명문대를 나와 전문직에 종사하고 있습니다. 이런 배경으로 자신이 이루지 못한 명문대의 꿈을 자녀를 통해 이루고 싶다는 생각을 합니다. 이렇게 자녀의 진로를 앞에 두고 자신이 이루지 못한 꿈에 대한 열망을 갖는 경우는 흔합니다.

그런데 이렇게 자신의 이루지 못한 꿈을 자녀에게 강요해서 생기는 경우도 있지만 오히려 자녀가 성공한 아빠를 롤 모델 삼아 아빠의 꿈을 꾸는 경우도 있습니다.

대수는 불안감과 우울증으로 내원한 20대 청년입니다. 대수의 이런 심리적 증세는 엄마와의 갈등이 한 요인입니다. 사업을 하는 엄마는 당연히 대수가 엄마와 같이 사업을 해야 한다고 늘 말합니다. 경영에는 소질이 없다고 느끼는 대수는 이런 엄마가 항상 부담스럽습니다. 그런데 상담 중 흥미로운 가족력을 발견했습니다. 대수 엄마와 상담을 하면서 대수 엄마는 심리검사 수치상 대수보다 더 많은 불안과 우울을 가지고 있음을 알게 되었습니다. 사업을 하는 엄마는 폭식도 심했으며 관계불안 증세도 있었습니다. 대수 엄마가 사업을 하게 된 것은 한때 중견 회사의 사장을 지냈던 대수 할아버지의 영향 때문이었습니다.

이런 경우 대수 엄마의 예에서도 그렇지만 자신이 무엇을 좋아하고 무엇을 잘하는지에 대한 진지한 고민이 없이 어떤 길만이 자신이 걸어야 하는 길이라고 믿고 그 길만이 올바른 길이라고 맹신하는 경향이 있습니다. 대수 엄마의 경우처럼 사업이 잘될 때는 문제가 없어 보이지만 사업에 실패하고 경제적으로 어려움에 처하게 되면 그때부터 많은 심리적 증세가 나타납니다. 대부분의 내담자는 다시 사업이 잘되면 모든 것이 해결될 것이라고 굳게 믿습니다. 그러나 사업이 다시 잘되는 것도 힘들지만 설사 잘된다 하더라도 심리적 문제는 해결되지 않는 경우가 많습니다.

대수의 경우도 그렇고 대수 엄마도 자신의 꿈을 찾는 과정이 없었습니다. 대수 엄마의 경우는 그저 아빠의 꿈을 물려받은 것입니다. 이런 경우는 사업을 '했다', '안 했다'의 문제가 아니라 많은 시간 고민을 했는가의 문제입니다. 왜 내가 사업을 해야 하는지, 무슨 사업이 나에게 맞는지, 사업으로 내가 얻고자 하는 것이 무엇인지, 내가 잘 할 수 있는 일인지 등의 고민이 있어야 했습니다. 대수 엄마는 할아버지에게 사업을 해서 돈을 많이 벌고, 그래서 화려해 보이는 모습만 배운 것 같습니다.

저는 이렇게 성공한 아빠를 아무 생각 없이 따라하는 것을 "아버지의 그림자에 갇혔다."라고 표현합니다. 대수의 엄마의 모습이 전형적입니다. 자녀는 아빠에게 다양한 것을 배웁니다. 은근과 끈기, 계획성과 미래를 위한 큰 그림 그리고 과제 집착력과 같은 것도 아빠에게 배웁니다. 아빠의 모습을 보고 아빠의 중요한 부분을 배우는 것입니다. 그런데 이런 배움이 아니라 단지 아빠의 사업, 사업을 하는 모습, 경제적 여유만을 보고 배우게 되면 아빠의 그림자에 갇히게 되는 것입니다.

만약 대수 엄마가 자신의 아버지에게 사업에 관한 다양한 노하우를 배우고 본인이 좋아하는 꿈에 그 소중한 노하우를 접목시켰다면 대수엄마는 어떻게 되었을까요? 이것은 대수에게도 마찬가지입니다. 대학생인 대수는 엄마에게 배운 노하우가 있어서 사업에 대한 생각이 일반 대학생과는 차이가 있습니다. 제가 들어 봐도 일반 대학생에 비해 사업계획과 그 계획을 실행함에 있어 발생하는 많은 문제에 대해 많이 알고 대처법 또한 잘 알고 있었습니다. 그러나 엄마와 마찬가지로 아직 자신의 꿈이 없어서 불안했던 것입니다.

아빠를 위한 제안

주변에서 보면 자녀가 부모의 진로를 따라가는 경우는 쉽게 볼 수 있습니다. 최근에는 스포츠 스타의 아들이 아빠보다 더 유명해지는 경우도 있습니다. 의사의 자녀가 의사가 되는 경우도, 연예인 자녀가 일찍부터 부모의 길을 따라가는 경우도 쉽게 봅니다.

단지 부모에게 물려받은 재능을 떠나 보고 배운 것이 있기 때문에 부모의 일을 따라가는 것이 다른 사람보다 유리한 것은 사실입니다. 쉽게 배울 수 없는 많은 노하우를 부모로부터 배운다는 것은 확실히 강점이 됩니다.

그러나 이들이 아빠를 능가해서 성공할 수 있었던 것은 단지 부모의 노하우를 전수 받아서가 아닙니다. 자신의 꿈을 확실히 한 후에 그 노하우를 접목시켰기 때문입니다. 만약 운동을 싫어하고 가수가 되고 싶은 자녀에게 아빠가 운동선수였다는 이유로 운동을 강요한다면 과연 같은 결과가 나왔을까요? 의사 같은 전문직도 마찬가지입니다.

최근에는 재벌 2세, 3세에 대한 비판도 있습니다. 회사를 창립한 1세대에 비해 도전 정신이나 추진력은 약하고 재벌이 누리는 특권에만 강하다고 비판을 받습니다. 이런 이유 중 하나는 아빠에게 제대로 배우지 못한 것이 이유가 될 것입니다.

진로 탐색에 대한 고민은 자녀를 양육하는 긴 시간 동안 부모에게 가끔 짐이 됩니다. 실제로 초등학교부터 대학생까지 '진로 탐색'이라는 프로그램과 수업을 듣습니다. 어쩌면 자녀의 진로 탐색의 첫 시작은 일하는 부모의 모습입니다. 부모가 무슨 일을 하는지 궁금해 하는 자녀에게 그 궁금증을 풀어주는 것이 자녀의 진로 탐색의 시작이 될 수 있습니다.

퇴근 후 힘이 들겠지만 여건이 허락한다면 자녀에게 '오늘 내가 뭘 하고 왔는지' 이야기 해보는 것은 어떨까요? 왜 그 일을 하게 되었는지, 좋은 것과 나쁜 점은 무엇이 있는지 등 시간이 될 때 조금씩 이야기 해보는 것은 어떨까요? 감정적이지 않고 논리적이며 합리적으로 그리고 현실감 있게 설명해주는 아빠의 이야기, 이것이 자녀의 진로 선택의 시작일 것입니다.

　자녀의 꿈을 같이 꾸고 같이 키우는 과정은 자녀의 청소년기 전부에 걸쳐 오랜 시간이 걸립니다. 자녀의 마음속 진짜 이야기를 들어야 하고 자녀의 재능과 자녀가 잘하는 능력도 알아야 합니다. 그러면서도 자녀가 왜 이것을 해야 하는가 스스로 묻고 답을 찾도록 유도해야 하고 기다려야 합니다. 어쩌면 이 과정이 아빠의 노하우를 자녀에게 물려주는 것보다 더 중요하다고 생각합니다. 자녀가 아빠의 그림자에 갇히지 않고 제대로 배우려면 이 과정이 오래 시간 지속되어야 합니다.

아빠만의 계획은 버려라

　이제는 대학 입시 설명회에서 아빠의 모습을 보는 것이 낯설지 않습니다. 그만큼 아빠의 자녀의 교육에 대한 관심이 많아졌고 사회가 그것을 당연시 여기고 있습니다. 오히려 무관심한 아빠가 비난을 받는 풍토입니다.

　대부분의 아빠는 자녀가 중학생 정도는 되어야 교육에 관심을 가지게 됩니다. 현실적으로 어느 정도의 대학에 갈 수 있을지 가늠할 수 있는 나이가 중학교부터이기 때문입니다. 초등학교 때는 자녀에게 원대한 꿈을 꾸지만, 고등학교에 들어가면 너무 잔인하게 어느 대학 어느 과가 가능하다는 것을 알게 됩니다.

　가끔은 취학 전부터 자녀의 학습에 관심이 지대한 아빠를 만나곤 합니다. 7년 전 상담을 했던 지민이 아빠도 그런 경우입니다. 지민이의 학습 스케줄은 물론이고 영어 유치원, 필리핀 단기 어학연수에 대한 계획은 교수였던 아빠의 머리에서 나왔습니다. 퇴근 후 지민이의 교육도 아빠 담당이었습니다. 그런데 안타깝게도 지민이는 학교생활도 힘들어 했고, 주의력 결핍 과잉 행동장애ADHD로 약을 복용 중입니다.

태민이라는 고등학생도 만났습니다. 태민이도 지민이와 비슷한 증세로 내원했습니다. 태민이는 이제 고등학생이 되었지만 앞으로 10년간 태민이가 가야할 길은 이미 정해져 있었습니다. 국제학교로 진학하고 유학은 어느 대학으로 가서 중간에 다른 대학 무슨 과로 옮기는 등 계획이 너무 자세해서 저 역시 놀랐습니다. 이런 계획은 아빠가 수립한 것이며, 이 계획이 성공할지 가장 궁금한 사람은 태민입니다.

이런 거창한 인생 계획이 아니라도 자녀 교육에 관심이 많은 아빠는 계획을 구체적으로 잘 세우고 복잡한 입시환경에서도 꿋꿋하게 밀어붙입니다. 그런데 저는 상담에서 만나는 많은 청소년을 보면서 이런 계획은 매번 실패한다고 자신합니다. 왜냐하면 아무리 구체적이고 실현 가능성이 있는 계획이라도 그 계획을 실행할 사람은 자녀 자신이라는 것을 아빠가 간과하기 때문입니다. 가령 아이에게 가장 좋은 A학원의 B수학 강사를 소개해 주어도 아이가 그 시간에 딴 생각을 할 거라는 것을 아빠는 모릅니다. 차라리 가장 친한 친구가 있거나 아들이 좋아하는 C여학생이 있는 다른 학원 강사를 소개해 주는 것이 성적에 더 도움이 될 거라는 생각을 하지 못합니다.

중요한 것은 좋은 계획이 아니라 자녀를 객관적으로 바라보는 것입니다. 객관적이라는 말은 단지 성적만을 의미하는 것이 아닙니다. 자녀의 심리 상태가 눈에 보이는 성적표보다 더 중요한 경우가 있습니다.

자녀의 학습에서 가장 중요한 것은 정서적 안정입니다. 부모가 생각하는 다른 많은 요인(학원, 선생님, 공부 방법) 중 가장 중요한 것은 자녀의 마음입니다. 정서적으로 안정적인 자녀는 본인의 능력과 노력의 결과가 보입니다. 그러나 정서가 불안한 자녀는 갈수록 능력과 노력에 반하는 결과를 보이고 결국 포기하는 경우가 많습니다. 그러니 부모가 자녀의 입시를 위해 먼저 그리고 꾸준히 연구해야 하는 것은 입시에 대한 다양한 정보가 아니라 자녀의 정서를 돌보는 것입니다.

지민이, 태민이 아빠처럼 방대한 정보와 계획을 세우기보다 라이딩(자녀를 학원에 데리고 가는 행위)하는 동안 자녀의 이야기를 듣고 공감하고 잠시라도 편하게 해주는 것이 진정 자녀에게 더 도움이 됩니다.

아빠를 위한 제안

사춘기 자녀의 양육에서 학습에 관한 이야기는 뺄 수 없는 중요한 부분입니다. 혹자는 자녀양육에서 학습 이야기 좀 그만하라고도 하지만 현실을 외면할 수는 없습니다. 학습은 작게는 내신과 입시가 있지만 크게 보면 자녀의 꿈과 연결되는 모든 분야이기도 합니다.

그래서 저는 입시전문가가 아니라 심리전문가가 되라고 조언합니다. 심리전문가가 무슨 자녀의 학습, 성적에 도움이 되겠냐는 질문을 할 것입니다. 그러나 자녀의 성적에 가장 도움이 되는 것은 입시전문가도 아니고 유명한 강사와 비싼 교재도 아닙니다. 그러니 자녀의 학습에 무관심 했던 아빠가 심리상담가가 된다면 자녀에게 훌륭한 입시전문가였다는 이야기를 들을 수 있을 것입니다.

자녀의 성적이 형편없다면 자녀가 공부를 못해서가 아니라 안 해서일 가능성을 항상 염두에 두어야 합니다. 공부를 해보지도 못했는데 공부에 자질이 있는지 없는지 알 수 없습니다. 자녀가 공부를 안 하는 심리적 원인은 다양합니다.(《성적을 올려주는 자녀심리》참조) 모든 청소년의 심리를 다 알 수는 없지만 내 자녀 하나의 심리는 알 수 있습니다. 그러니 입시 전략보다는 심리 전략으로 자녀에게 다가가는 것이 성적에 더 이익입니다.

자녀의 학습과 진로에 지대한 관심이 있고 자녀와 같이 해보고 싶다면 아빠가 혼자 계획한 그 '자녀 인생계획표'를 지금 당장 버리는 것이 좋습니다. 그리고 혼자 계획을 세우지 말고 자녀와 대화를 하십시오. 상담에서조차 내담자와 이야기를 하다보면 내담자가 좋아하는 것, 하고 싶은 것, 무서워하는 것을 다 알 수 있습니다. 아빠가 세운 화려한 계획보다는 자녀와 같이 하나씩 세우는 작은 계획이 진짜 실현 가능한 계획이고 자녀의 삶을 행복하게 할 것입니다.

갑자기 공부를 포기하는 아이

사춘기 자녀가 갑자기 공부를 포기하겠다고 하면 부모들은 가슴이 철 렁 내려앉을 것입니다. 상담실에 자퇴 같은 이유로 내원하는 친구들이 있습니다. 이렇게 학습을 갑자기 중단하려는 다양한 이유에 대해서는 이미 저의 책《성적을 올려주는 자녀심리》에서 많은 논의를 했기 때문 에 간단히 언급을 하겠습니다.

자녀가 중학교에 올라와서 또는 입시 마지막에 갑자기 공부를 포기하 는 두 가지 경우에 대해 아빠가 어떻게 대처하는 것이 좋은지에 대해서 이야기해 보겠습니다.

중학교에 올라가서 갑자기 자녀가 학습에 대한 의욕이 떨어지고 공부 를 포기하는 것에는 다양한 심리적 이유가 있지만 그 중에서 '번 아웃' 같은 현상이 있습니다. 상담에 오지 않더라도 비슷한 경우가 평범한 가 족에게도 많을 거라고 생각합니다. '번 아웃'은 지나친 선행학습에 의한 경우가 많습니다. 저의 둘째가 대학에 가서 '과외 아르바이트'를 시작했습니다. 고등학교 3학년과 초등학교 아이의 과외도 하는데, '뺑뺑이 선행학습'에 대해 많은 분노를 표출합니다.

"아니 무슨 초등학교 아이가 벌써 중학교 수학을 2번 돌리고 있어. 도대체 왜 이러는 거야?"

"몇 번 돌렸어요?"

저 역시 이런 질문을 받은 적이 많습니다. 학원 선생님이, 또는 아이 친구 부모님을 만나도 이런 말을 합니다. 이 말은 '선행을 몇 번 했느냐'는 말입니다. 가령 중학교 1학년 수학을 선행하면 한 번으로 끝나는 것이 아니라 여러 차례 합니다. 이것을 몇 번 돌렸냐고 묻는 것입니다.

상담에 온 청소년들은 학교 내신이 중간 이하면서도 끊임없이 선행을 해야 한다고 말합니다. 그리고 선행을 못했다고 불안해 합니다. 지금 학기의 학습도 완벽하지 못하면서 끊임없이 선행에 대해 갈망하고 있습니다. 더 많은 반복된 선행을 하면 비록 지금 성적이 낮더라도 반드시 언젠가는 성적이 올라가게 될 거라는 정말 어처구니없는 신념을 갖고 있습니다. 마치 사이비종교 같기도 합니다. 그러다 그 신념이 무너지면 그때 공부를 포기하게 됩니다.

두 번째는 입시 마지막에 불안감 때문에 입시를 포기하는 경우입니다. 이 불안감에는 다양한 심리적 이유가 있습니다. 이때 부모는 어떻게 해야 할까요?

"죽을 것 같아요."

"전 끝났어요."

"절대 안 돼요."

내담자는 격한 감정적 단어를 쏟아내곤 합니다. 조금만 더 공부하라고 강요하면 마치 모든 것이 끝날 것이라고 협박(?) 아닌 협박도 합니다. 이럴 때 부모님의 역할과 태도는 정말 중요합니다. 자녀가 포기하지 않고 끝까지 해본 경험을 가지고 있다면 자녀가 가지고 있는 불안감을 회복할 수도 있습니다. 물론 전제는 충분한 위로와 격려입니다.

아빠를 위한 제안

대부분의 경우 엄마가 주도적으로 학습 계획을 짠 경우가 많기 때문에 어느 정도 무관심 했던 아빠가 오히려 자녀에게 도움이 될 수 있습니다. 엄마가 할 수도 있고 해도 되지만 현실적으로 쉽지 않습니다. 이미 주도적으로 학습에 관여했던 엄마가 갑자기 학습에 대한 가치관을 바꾸는 것도 쉽지 않고, 자녀에게 혼란만 주기도 하기 때문입니다.

학습에 싫증을 내는 정도도 다양하기 때문에, 처음에 심하지 않은 경우에는 "괜찮아. 천천히 하자."라는 아빠의 말 정도만으로도 아이가 충분히 위로 받기도 합니다. 대신 '너에게 기대하는 것이 없다'라는 의미가 아니라는 것을 알려주어야 합니다. 이런 간단한 말로도 위로가 되기도 하지만 상담에 오는 친구들은 좀 다릅니다.

이미 많이 지쳐있다면 반복적이며 긴 시간이 필요합니다. 위로도 필요하지만 소소한 즐거움을 같이 만드는 것이 필요합니다. 간단한 산책, 노래방, 같이 하는 게임, 친구들과의 작은 일탈 등 아이가 정서를 전환할 수 있도록 다양한 시도가 필요합니다. 다시 공부를 하면서 자신감을 가지고 두려움을 떨칠 수 있는 학습에 대한 토론도 병행해야 합니다. 물론 서두르면 절대 안됩니다. 이렇게 세 방향을 동시에 해야 하기 때문에 쉽지는 않습니다.

학습을 통해 얻는 것은 단순히 대학간판만이 아닙니다. 그 학습을 통해 은근, 끈기, 성실, 노력의 대가 그리고 스스로 공부하는 방법 등 많은 것을 얻습니다. 저는 또 하나 '끝까지 포기하지 않는 것'을 강조합니다. 어느 일이나 마지막 순간이 다가오면 누구나 다양한 스트레스로 무너지는 경우가 있습니다. 마지막에 최선을 다하지 못한 경험(작지만 반복적으로)으로 인해 시간이 갈수록 불안감이 증폭되는 내담자도 있습니다. 불안감이 엄습하고 지치는 순간, 끝까지 최선을 다했던 힘과 경험은 자녀의 인생에서 매우 중요합니다.

끝까지 포기하지 않고 해본 경험은 자녀가 가지고 있는 막연한 불안감을 해소할 수 있는 중요한 경험이 됩니다. 학습이 아니어도 좋습니다. **무엇이든 자녀가 원하는 것을 끝까지 마무리함으로써 얻는 만족감은 소중한 경험입니다.** 또 끝까지 해냈다는 경험 자체가 자존감으로 작용할 수 있습니다.

부모는 공부가 주는 진정한 의미를 알아야 합니다. 자녀는 단지 성적과 대학간판이 아니라 이 시기에 공부를 통해 스스로 공부하는 힘 그리고 마지막까지 포기하지 않는 힘을 배워야 한다는 것을 마음에 새겨두시기 바랍니다.

정서적으로 독립하지 못하는 아이

  화영 씨와 명이 씨는 20대 후반의 회사원입니다. 화영 씨는 은행에
다니고, 명이 씨는 회계사 사무실에서 근무하고 있습니다. 직장도 안정
적이며 경제적인 독립도 가능할 정도지만 두 사람 다 하고 있는 일을 그
만두려고 합니다. 이유는 '행복하지 않아서'입니다. 재미있는 사실은 두
사람이 그 일을 하게 된 것이 아빠의 도움 때문이라는 사실입니다. 은행
과 밀접한 관계를 가지고 있던 아빠의 덕분에 낙하산(본인의 이야기)으
로 취직이 되었다고 생각하는 화영 씨와 아예 아빠 지인의 회계사 사무
실에서 일하는 명이 씨는 직장에 애정이 없습니다.

  자녀 양육에 대한 토론에서 빠지지 않는 주제가 바로 자녀의 독립심
에 관한 것입니다. 자녀를 건강하게 자립할 수 있도록 하는 것은 양육의
중요한 목적입니다. 아무리 잘난 자녀라도 부모에게서 독립적으로 생활
하지 못한다면 무슨 소용이 있을까요?

'피터팬 증후군', '캥거루족'은 독립하지 못한 자녀를 빗대는 말입니다. 자녀가 독립적으로 생활하지 못하는 원인은 무엇일까요? 최근에는 5포 세대라고 불리는 지금 젊은이들은 경제적으로 어려운 현실 때문입니다. 현실적으로 자립을 위해 가장 중요한 것은 경제적 문제입니다. 그러나 심리 상담가의 입장에서 가장 중요한 자립은 정서적 자립입니다.

태희 씨는 전문직 여성입니다. 남편 역시 전문직입니다. 둘의 소득을 합하면 상위 1% 이내의 경제력을 가졌습니다. 겉으로 보기에는 도대체 이 여성의 삶에 불행이란 있을까,라는 의문이 듭니다. 예쁜 외모, 충분한 경제력, 누구나 부러워하는 사회적 지위 그리고 언제나 둘의 뒤를 봐주는 부모까지 완벽합니다. 그런데 스스로는 불행하다고 느끼고 상담을 하러 왔습니다. 태희 씨는 대부분의 일상을 엄마와 상의합니다. 하다못해 간단한 집안일조차 엄마에게 묻고서야 할 수 있습니다. 평생 스스로 결정해서 한 일이 있을까 하는 의문이 듭니다.

정서적으로 부모에게서 독립하지 못한 자녀에게는 두 가지 경로가 있습니다. 하나는 은둔형입니다. 무기력하고 일상에 별다른 감흥을 느끼지 못합니다. 의욕적이기보다는 걱정이 많고 흘러가는 대로 두려고 합니다. 완전한 무기력에 빠지지 않으면 그저 순한 아이라고 느낄 수 있습니다. 또 하나는 불안 장애와 비슷한 형태를 나타냅니다. 매사 어떤 일이든 지나친 불안감을 갖고 있습니다. 그러니 설사 그 일이 성공적으로 끝나도 기쁨은 잠시고 또 다른 불안감에 스스로 행복하다고 느끼지 못합니다. 독립적인 생활이 가능함에도 불구하고 부모 집 근처나 간혹 같이 사는 경우도 있습니다.

'결정 장애'라는 말이 있습니다. 상담에서도 흔히 볼 수 있습니다. 최근에는 연구에서는 청소년 중 30% 이상이 결정 장애를 겪고 있으며, 어른(선생님, 부모)의 결정에 따른다고도 합니다. 이런 사람들은 비교적 좋은 대학에 다니거나 안정적인 직장을 다니면서도 항상 불안한 마음을 가지거나 매사 힘들어 합니다.

어느 누구나 매일 무언가를 결정해야 합니다. 그런데 이들은 사소한 결정도 쉽게 하지 못하고 망설이거나 누군가의 도움을 받아야만 결정합니다. 그러니 매일이 피곤합니다. 이런 결정 장애는 부모의 양육 태도에 기인하는 경우가 많습니다. 결과에 대한 지나친 기대, 과정에서의 비난과 지적 때문이기도 하며, 스스로 선택하는 훈련의 부족 때문에 생기기도 합니다. 사춘기 자녀가 많은 시행착오를 겪더라도 스스로 결정하는 훈련을 해야 하는 이유입니다. 성인이 되면 연습할 수 있는 시간이 없습니다.

아빠를 위한 제안

자녀를 독립적으로 키우지 못한 원인은 부부간에 차이가 있습니다. 엄마의 경우, 사춘기 이후 갑자기 자녀와 밀접하게 지내려는 경우가 많습니다. 태희 씨 경우처럼 사춘기 시절 자녀와 정서적 소통을 많이 하지 못했다는 죄책감과 이미 성인이 되어 떠나려는 자녀에 대한 미련이 동반되면 폭발적으로 자녀에게 집착합니다. 만약 자녀가 독립적인 생각을 가지고 있다면 다행이지만 불행하게도 자녀 역시 이런 엄마를 원합니다. 이전에 자신이 받지 못한 애정을 이제라도 충족시키고 싶은 마음이 있기 때문입니다.

아빠의 경우는 엄마와 달랐습니다. 사회생활을 수없이 한 아빠는 아무래도 경제적 문제, 안정된 직장 등이 자녀의 자립에 가장 중요한 요소라고 강하게 믿습니다. 그러나 저에게 오는 내담자 중에는 그렇지 못한 사람도 너무 많습니다. 좋은 대학, 안정된 직장과 상가 등이 자녀의 자립을 담보하지 못하는 경우는 많습니다.

문제는 이런 사회적 스펙을 이루려다 자녀의 자존감을 망치는 경우입니다. 자립을 위해 가장 중요한 자존감을 망친 후에는 아무리 좋은 스펙을 만든다 해도 자립하기 어렵다는 것입니다. 그러니 정서적 자립이 다른 경제적, 직업적 자립보다 중요합니다.

자녀가 사춘기에 이루는 자존감은 건물의 기초와 같습니다. 그 밖의 다른 요인은 기초 위에 지은 화려한 인테리어나 가구와 같습니다. 기초가 부실하면 아무리 높은 건물도 하루아침에 무너질 수 있습니다. 가구는 가구일 뿐, 건물이 무너지면 아무리 비싼 가구도 쓰레기가 됩니다.

지금 자녀에게 중요한 것은 무엇일까요? 자존감에 상처를 주면서 이룬 스펙이나 직장일까요? 아니면 시행착오를 통해 힘들지만 스스로 괜찮다고 느끼는 자존감일까요?

아들 둘이면 목메달

'딸 둘은 금메달, 하나는 은메달, 아들 둘은 목메달'이라는 우스갯소리가 있습니다. 그만큼 아들이 키우기 어렵다는 말입니다. 한때는 아들을 낳으면 자동차를 타고, 딸이면 비행기 탄다는 말도 있었습니다. 언제부터인지 아들을 키우는 게 어렵다는 인식이 많습니다.

뇌 과학을 전공하거나 유전학적 차이를 좋아하는 사람들은 아들과 딸의 차이를 중시하고 그 차이에 따른 양육의 중요성을 높게 평가합니다. 실제 그런 차이를 보이는 경우도 있습니다. 그러나 성별에 따라 양육의 방법을 일률적으로 적용하는 것은 잘못이라고 생각합니다. 최근에는 남자 아이 같은 여자, 여자 아이 같은 남자도 흔합니다.

드라마 〈응답하라 1994〉의 주인공 덕선의 언니 보라와 아빠의 관계는 어색합니다. 오히려 동생 노을과 아빠는 친구 같은 면이 있습니다. 단지 딸과 아들이라서 이런 차이가 생기는 것은 아닙니다. 또 아들 둘만 있는 정환이와 정봉이 가족을 보아도 남녀의 차이가 아니라 환경적 차이에 따라 양육이 달라질 수 있음을 알 수 있습니다. 실제로 주변에서 사근거리는 아들과 무뚝뚝한 딸은 쉽게 볼 수 있습니다.

성별에 따라 양육을 달리해야 한다는 쪽은 흔히 남자아이는 더 뛰어놀게 하라던가, 중학교 아들은 대답이 짧다는 것을 인정하라고 조언을 하기도 합니다. 그런데 남자 중학교 아이만 뛰어노는 것을 좋아할까요? 만약 두 아이를 키우면서 큰 아들은 뛰어 놀게 하고 작은 딸은 덜 뛰어 놀아도 괜찮다는 생각으로 딸을 키웠다면, 그 부모는 딸에게 원망을 듣게 될 것입니다. "오빠랑 다르게 키웠잖아. 오빠만 놀게 해줬잖아."와 같은 말을 수백 번을 듣게 됩니다. 만약 아들은 말이 짧아도 괜찮다고 생각해서 더 이상의 대화를 하지 않았다면 그 아들은 커서 소통이 뭔지 모르고 일만하는 노예(?)가 되거나 "난 부모가 없어."라는 막말을 하는 성인이 될 수도 있습니다. 이처럼 실제 여자와 남자의 특성으로 양육의 방법을 규정하기는 힘듭니다.

상담에서는 내담자의 환경과 가족의 성격 등이 양육의 형태를 정하는 데 조금이라도 도움이 됩니다. 4남매의 장녀로 자란 내담자는 여자의 특성보다는 가부장적인 아빠의 특성을 가지는 경우가 있습니다. 그러니 상담할 때 말이 짧아도 마음속에 있는 말이 나올 때까지 인내를 해야 합니다. 사근거리는 것을 좋아하는 중학교 2학년 남자아이는 오히려 중간에 삼천포로 가는 경우가 있으니 중간에 대화의 방향을 적절하게 조절해야 합니다. 부모에게 실망한 고등학교 2학년 여자 내담자는 아무 말도 안합니다. 그녀의 입을 여는 것은 무뚝뚝한 아빠의 입을 열게 하는 것보다 더 힘듭니다. 이처럼 남자, 여자의 특성보다 자란 환경이 더 영향을 미칩니다.

이럼에도 불구하고 아들의 양육이 더 힘들 것도 사실입니다. 핀란드 한 대학의 연구에서는 '아들을 키우는 엄마의 평균 수명이 딸을 키우는 엄마보다 짧았다'고 합니다. 아들을 많이 키울수록 수명이 짧아졌으나, 딸은 아무리 많이 키워도 수명에 영향을 미치지 않았습니다. 반면 남성의 수명은 자녀의 성별과 무관했습니다. 이 연구를 보면 교육복지가 잘 되어 있는 핀란드조차 아들 키우는 것이 더 어려운가 봅니다.

저는 아들과 딸을 모두 키웠습니다. 어느 쪽이 더 힘들다고 할 것 없이 힘들었습니다. 제가 느낀 아들 키우는 것이 더 어려운 이유는 있었습니다. 먼저 우리나라의 교육 현장을 보면 유치원 교원 성비는 여성이 98.3%, 초등학교는 여성이 77%이며, 중학교는 여성이 68.8%입니다. 여자 선생님이 많다는 것은 선생님이 남자 아이에게 스트레스를 받을 가능성이 많다는 것입니다. 그럴수록 학생들을 더 통제하려 할 것입니다. 실제 자녀육아에 있어서도 엄마가 차지하는 비율이 크기 때문에 아들의 양육이 더 힘들다고 느낄 수 있습니다. 핀란드 아빠는 아들이라고 더 스트레스를 받지 않았습니다. 이것은 서로의 차이를, 다름을 이해하는 과정에서 생길 수 있는 스트레스라는 것입니다. 만약 이 다름을 아빠 혹은 남자 선생님이 담당했다면 결과는 조금 다르지 않았을까요?

또 하나, 제가 상담을 하면서 느끼는 것은 그저 남자아이가 조금 빨리 반항을 시작할 뿐이라는 것입니다. 육아를 힘들게 하는 청소년의 비율에는 큰 차이가 없습니다. 남자아이가 조금 더 일찍 상담센터를 찾는 것뿐입니다. 예를 들어 학원을 많이 보내 결국 아이가 지치고 무기력에 빠졌다면 남자아이는 좀 더 일찍 여러 가지 심리적 증세를 보입니다. ADHD 소견을 보이고 친구와 말썽을 일으키기도 하며, 학원과 학교에 적응하지 못하기도 합니다. 그런데 여자아이는 좀 더 오래 버팁니다. 그래서인지 초등학교 저학년 상담은 주로 남자아이가 많았고, 중학교에 가면 여자아이가 상담에 많이 옵니다.

혹자는 이런 현상을 이렇게 말합니다. 남자 아이는 반복하는 것을 싫어하고 여자보다 두뇌 성장이 느리고, 더 능동적, 활동적이기 때문이라고 합니다. 맞습니다. 그런데 시간이 가면 남자아이가 아니라 여자 아이도 마찬가지가 되는 것입니다. 이렇게 보면 아들이라서 목메달이 아니라 지금의 환경이 자녀를 그렇게 만들고 있는 것 같습니다.

아빠를 위한 제안

아빠와 사춘기 자녀와의 관계는 참으로 미묘합니다. 가끔 둘만 있으면 너무 어색해서 무얼 해야 할지 모르기도 하지만 또 한편으로 이렇게 보완이 되고 도움이 되는 관계도 없습니다. 딸에게는 바람직한 이성관계의 모델이 되기도 하며, 사회적 소통의 시작이 되기도 합니다. 아들에게는 이보다 더 자신을 잘 이해해주는 관계도 드뭅니다.

상담에서 아들과 아빠는 이중적인 모습을 보입니다. 격렬하게 아빠에 대항하거나 아빠가 틀렸다고 대들기도 하지만 반면에 아빠에 대한 존중과 존중 이상의 감정도 있습니다.

아들 육아에 있어서 아빠가 나름의 역할을 한다면 아들을 키우는 것이 목메달이 되지는 않을 것입니다. 또 아들의 격렬한 사춘기도 줄어들 것입니다. 상담에서 아들이(사춘기부터 50대까지 다양한 연령대) 원하는 아빠의 모습은 다양했지만 그중에서 자주 언급된 것은 '인정과 존중'이었습니다.

아빠의 인정과 존중은 아들에게 굉장한 자존감으로 작용합니다. 엄마가 주는 사랑과 거의 비슷한 효과(자존감)를 보입니다. 인정과 존중에는 다양한 방법이 있겠지만 대화하는 것이 바람직한 방법입니다. 가벼운 일상적 이야기나 이성에 대한 이야기는 더 좋습니다. 이야기 끝에는 아들을 믿고 있다거나 자랑스럽다는 표현을 해도 좋습니다.

부모를 포함한 자녀를 둘러싼 환경이 자녀를 목메달로 만들고 있다고 생각합니다. 아들이 목메달이 아니라 대들보가 되는 것은 아빠의 몫이 큽니다. 정말 아빠하기 나름인 것 같습니다.

누구 편을 들어야 할까

자녀 양육을 크게 관여하지 않던 아빠가 자녀가 사춘기에 접어들면 당황스런 일을 겪기도 합니다. 엄마와 자녀가 의견 다툼이 생기는 경우입니다. 중립을 지키려 하지만 둘 사이의 이야기를 듣다보면 어느 한쪽 편을 드는 훈수를 두게 됩니다.

"그래도 그건 아닌 것 같은데."

"엄마 말이 일리가 있어."

이런 말을 하고 나면 아빠는 금방 후회하게 됩니다. 그야말로 후폭풍이 몰아칩니다. 어느 편을 들어서가 아니라 편을 드는 순간부터 엄마와 자녀는 한편이 됩니다. 그리고 공격 대상이 아빠로 바뀝니다. 생각하면 할수록 억울합니다. 반면에 참견을 하지 않으면 무관심한 아빠와 남편으로 욕을 먹습니다. 그래서 도망을 가는 것일지도 모릅니다.

'눈치 없는 아빠'라고 합니다. 사실 눈치가 없는 것이 아닙니다. 눈치 없는 아빠라면 엄마와 자녀가 싸우고 있쫄 때 밥이나 달라고 했을 것입니다. 눈치가 있으니 둘 사이에 끼게 된 것이고 결국 욕을 먹는 것입니다.

눈치 없는 아빠 소리는 듣겠지만 무관심한 아빠보다는 바람직합니다. 이 정도로 가족에게 관심이 있다면 아내와 자녀와 따로 대화를 할 수 있을 것입니다. 따로 대화를 할 때 감정에는 동조하면서 현실적인 문제에 대해서는 객관적인 기준을 제시한다면 아내와 자녀 모두에게 신뢰를 받게 될 것입니다.

자녀가 둘 이상인 경우는 누군가의 편을 들어야 한다는 무언의 압력이 생기기도 합니다. 첫째와 둘째의 싸움이 그렇습니다. 대부분의 경우 이 함정은 엄마가 더 잘 걸립니다. 자녀와 보내는 시간이 많고 엄마 역시 중립을 지키고 싶어하지만 그렇지 못한 경우가 생깁니다. 아빠는 형제간의 싸움이 반복되거나 심해지면 엄마의 권유로 나서게 됩니다. 처음 나설 때는 호기롭게 나서지만 금방 깨닫게 됩니다. 왜 아내가 나에게 이 문제를 미루었는지.

형제간의 싸움의 정도가 다양하고 이유도 너무 많아서 한 가지 해결 방법이 있지는 않습니다. 심리상담에 올 정도의 경우는 그 싸움이 문제가 아닌 경우도 많습니다. 가족 전반의 심리적 문제를 보아야 하는 경우도 있습니다. 그러나 흔히 형제끼리 있을 수 있는 정도의 말다툼이나 의견 혹은 성격차이에 의한 갈등은 부모가 개입하지 않아도 됩니다. 단 원칙은 있습니다. 폭력이나 욕설은 없다면 형제가 스스로 해결할 때까지 지켜보아도 됩니다. 다만 어느 한쪽이 지나치게 약하다면(성격이나 육체적, 나이 등에서) 공정하지 않기 때문에 둘에게만 맡겨 두어서는 안 됩니다.

아빠를 위한 제안

극단적으로 무관심한 아빠보다는 자녀 둘 사이에 끼어 욕을 먹는 것이 낫습니다. 그러면 엄마와 자녀 사이가 더 가까워지기도 합니다. 공동의 적이 생기면 이상하게 둘 사이는 쉽게 풀립니다. 그러니 도망가는 것보다 가족의 평화와 양육을 위해 눈치 없이 끼어 욕먹는 아빠가 되는 게 낫습니다.

그래도 욕먹는 것이 싫다면 아슬아슬하지만 조금 세밀하게 접근해야 합니다. 아빠 본인의 생각이 있으면 좋습니다. 문제는 평소 양육에 관심이 없었다면 당장 어떤 대안을 가지기 힘들다는 것입니다. 예를 들어 자녀가 학교에서 돌아오면 현관부터 옷을 벗어서 아무렇게나 던져 놓습니다. 엄마는 당연히 그러면 안 된다고 할 것입니다. 자녀는 피곤해서 그런 것이며 나중에 정리하겠다고 말할 것입니다. 이때 둘 사이에 끼여 어느 편을 들면 함정에 빠지는 것입니다. 이럴 때 "그럼 옷을 방에 가서 마음대로 벗으면 어때?"라고 아빠 나름의 중립적인 의견을 제시하는 것이 가장 좋아 보입니다.

학습에 관해서도 엄마와 자녀의 의견은 거의 일치하지 않습니다. 더 많은 학원을 가야하는지 또는 심화반에 가야하는지 등 진로에 대한 의견은 서로 다릅니다. 엄마 입장에서는 자신이 많은 것에 대한 책임(결국 자녀의 미래)을 지는 것이 버겁습니다. 이럴 때 아빠가 객관적인 자료를 가지고 오거나 중간 지점의 대안을 내놓는다면 반가울 것입니다. 물론 속으로 생각하겠지만.

자녀의 입장에서는 아빠의 의견이 최선이다, 혹은 아니다가 중요하지 않습니다. 아빠가 자신을 위해 시간과 노력을 들였다는 것만으로도 충분히 존중받았다고 느낍니다. 이 감정은 매우 중요합니다. 사춘기 자녀에게 아빠가 줄 수 있는 가장 큰 선물 중 하나는 자녀를 존중해 주는 것입니다. 아빠의 소중한 시간은 매우 가치가 있습니다.

만약 둘 사이의 의견 중 하나를 택해야 하는 상황이 생긴다면 자녀의 편을 들라고 조언하고 싶습니다. 사춘기 자녀는 결국 수많은 시행착오를 스스로 겪어야 합니다. 그 시행착오는 실패가 아니며 오히려 더 발전하기 위한 잠시의 뒷걸음이기 때문입니다. 만약 엄마의 의견을 따라서 혹시라도 그 일이 잘 되었다 하더라도 자녀는 그리 큰 자존감을 가지지 못하기 때문입니다. 그래서 자녀의 의견을 따라주는 것이 차선의 선택은 됩니다. 이 경우 아내의 감정을 다독이는 과정은 필수입니다. 이런 문제로 감정이 쌓이면 남편에 대한 불신이 되기 때문입니다.

무관심하거나 갑자기 튀어나와 고집을 부리는 아빠보다 엄마와 자녀의 사이에 끼여 약간의 욕을 먹는 아빠는 그래도 낙제점은 아닙니다. 그러니 너무 기죽지 말기 바랍니다.

방임형 아빠가 살 길

　성격적 차이나 책임감 혹은 사랑의 표현방법의 차이에 의해 아빠와 엄마의 양육에는 차이가 있습니다. 이런 차이는 자녀의 유아기부터 시작되지만 대부분의 경우엔 엄마가 육아의 주도권을 잡고 있기 때문에 그냥 넘어갈 수 있습니다. 그러나 자녀가 사춘기에 들어가고 엄마가 어느 정도 지치기 시작하거나 혹은 자녀가 말썽을 부리기 시작하면 이 차이는 두드러지게 부각됩니다. 차이에 의한 갈등도 있지만 그래서 더 자녀양육은 같이 하는 것이 바람직합니다.

　이렇게 육아 방식의 차이에 의한 갈등은 많습니다. 제일 대표적인 유형은 아빠는 방관, 방목형이며, 엄마는 집착 혹은 관리형인 경우입니다.

　방임적 양육을 하는 아빠에게는 여러 가지 이유가 있습니다. 단지 성격적인 면뿐 아니라 가장 흔하게는 너무 바쁘다는 이유가 있으며 엄마가 주도적으로 하는 경우에 마찰을 피하려는 이유도 있습니다. 또는 방목하는 육아가 더 바람직하다고 생각하는 경우도 있습니다.

방목(방임)의 경우도 그 정도가 다양하기 때문에 단지 '방목'이라는 이유로 부적절한 육아라고 비난할 수는 없습니다. 오히려 집착하는 육아보다 자녀에게 긍정적인 면이 더 많기도 합니다. 더군다나 사춘기 자녀인 경우에는 방목이 더 도움이 되기도 합니다. 그래도 일반적으로 방임은 바람직한 육아의 태도는 아닙니다. 여기서는 방임보다는 자녀에게 더 많은 자유를 주는 정도의 태도로 보였으면 좋겠습니다. 대부분의 아빠는 본인이 방임이 아니라 자유를 준다고 말하기도 합니다.

방임적 육아를 하는 아빠가 자녀에게 받는 평가는 극과 극입니다. 만약 아빠가 매사 긍정적이며 위트와 유모가 있다면 자녀는 아빠에게 친밀감을 느낍니다. 그러나 반대로 아빠가 부정적 사고를 가지고 있다면 오히려 엄마보다 더 비호감으로 받아들여집니다. 또는 아빠의 존재감이 없기도 합니다.

"그냥 내버려 둬."

아빠의 이런 말에 엄마는 가끔 뜻하지 않게 상처를 받습니다. 방임적 아빠가 가장 흔히 아내에게 하는 말이며 양육을 하면서 부부싸움의 원인이 되는 가장 사소한 말입니다.

양육은 부부 한 명의 책임이 아닙니다. 문제는 방임 아빠의 양육태도가 결국은 책임회피와 연관되어 있다는 것입니다. 상담에서 가끔 아빠가 "도대체 당신은 뭐하는 사람이야?"라고 면전에서 아내를 타박하는 분도 있습니다. 이런 태도는 아마 가정 내에서 매일 벌어졌을 것입니다. 아내에게는 무책임한 아빠로 여겨집니다. 방임과 무책임은 같은 말이 아닙니다.

양육에는 책임이 뒤따릅니다. 책임이 없는 양육이라면 어떤 형태의 양육이든 바람직하지 못합니다. 부부가 자녀의 양육 형태로 싸우는 근본적인 이유는 책임입니다. 자녀가 문제 없이 잘하고 있다면 무마가 되겠지만 그렇지 못한 경우에는 문제가 됩니다. 만약 방임적 양육을 선호하는 아빠가 자녀의 어떤 일에서든 책임지는 모습을 보인다면 부부갈등도 적어질 것입니다.

자녀 양육은 결국 부부 모두의 몫이며 책임입니다. 방목이 양육에 더 도움이 된다고 생각하는 아빠가 만약 비록 아내의 뜻을 따랐다 하더라도 같이 책임지는 자세를 보인다면 아내에게는 감동이 될 것입니다.

가령 "당신 탓이 아니야."라고 위로를 하고 오히려 "내가 무관심해서 그렇지."라고 한다면 말 한마디로 바람직한 아빠와 남편이 될 수도 있습니다. 엄마가 받는 스트레스는 아빠가 생각하는 것보다 더 심한 경우가 많습니다. "건강하게만 자라면 되지."라는 말로 그냥 넘어가기에는 옆에서 지켜보는 엄마의 스트레스는 다양합니다. 그저 공부만 잘한다고 걱정이 없는 것이 아닙니다. 사춘기가 되면 성적이 아니라 아이의 성격, 인성, 진로 등 모든 것이 다른 친구들과 비교되고 엄마 눈앞에 펼쳐집니다. 그저 "괜찮아."라고 무시할 수 없습니다. 그러니 방임형 아빠는 더 많이 엄마를 위로해야 합니다.

어떤 이유에서든 스스로 방임적 아빠라고 생각한다면, 가족의 행복을 위해 가장 먼저 신경 써야 하는 부분은 엄마의 정서입니다. 엄마의 정서가 안정되어야 자녀뿐 아니라 아빠의 의견에도 귀 기울이기 때문입니다. 자녀가 건강하고 자립적으로 잘 크고 있다면 별 문제가 없지만 그렇지 않다면 양육에 아빠의 의견도 첨부되어야 합니다. 그런데 불안정하고 화가 난 상태에서는 엄마가 아빠의 의견을 듣지 않습니다. 엄마의 정서가 안정될 때까지 기다려야 대화가 됩니다.

제가 부부의 차이가 더 바람직한 양육에 도움이 된다고 한 이유는 '균형'입니다. 방임과 관리의 균형이 바람직한 양육에 더 가깝습니다. 아빠의 방임적 양육태도가 자녀에게 도움이 되려면 결국 아내의 정서가 안정되어 있어야 합니다.

아빠를 위한 제안

통계청과 여성가족부에서 발표한 '2015년도 청소년 통계'에 따르면 13세부터 19세의 청소년의 50% 정도가 '성적과 적성을 포함한 공부' 문제로 가장 많이 고민하는 것으로 나타났습니다.

방임적 아빠가 가장 흔하게 아내와 싸우게 되는 이유는 공부에 관한 것입니다. 더 많은 학습을 할 것인지 더 많은 학원에 다녀야 하는지 또는 자녀의 진로를 위해 어느 정도 관여를 해야 하는지 등은 서로 타협하기 어려운 문제입니다. 그런데 자녀의 입장에서 보면 아빠, 엄마 둘 다 부담스럽습니다. 우리 생각에는 집착하고 강요하는 엄마를 더 부담스럽게 여길 거 같지만 사실 그렇지 않습니다.

성적과 적성에 대한 고민이 50%를 넘는다는 것은 자녀 스스로가 성적과 적성을 중요한 문제로 인식하고 있다는 것입니다. 그런데 이 중요한 문제를 엄마는 집착으로, 아빠는 방관으로 일관한다면 자녀의 마음은 어떨까요? 엄마의 집착은 얼마나 부담스러울까요? 아빠의 방임을 어떻게 받아들일까요?

자녀 양육에서 '기대'에 대한 연구를 보면, 지나친 기대는 자녀를 위축시키며, 기대를 적절히 받지 못한 자녀는 자존감과 인정욕구가 부족해집니다. 지나치게 방임적인 아빠에게 자녀가 느끼는 감정은 섭섭함 그 이상일 수 있습니다. "날 소중하게 생각하지 않는구나."라고 느끼는 것입니다.

그렇다고 방임적인 아빠가 자녀에게 기대를 하지 않는 것은 아닙니다. 아빠는 기대를 표현하는 것조차 간섭이라고 생각합니다. 그런데 **자녀에게 적절한 기대를 표현하는 것은 사랑하는 사람에게 사랑한다고 표현하는 것처럼 중요합니다.** 자녀는 아빠가 표현해야 알 수 있습니다. 자녀는 아빠가 자신에게 기대하고 있다는 것을 알게 되면 아빠가 자신을 믿고 인정하고 있다고 생각하는 것입니다.

"하지 마, 그래도 괜찮아."

방임적 아빠가 흔히 하는 말입니다. 이런 말이 자녀에게 위로가 되는 경우도 있습니다. 그러나 진짜 자녀가 고민하는 문제를 가볍게 생각해 이렇게 말한다면 자녀는 상처를 받을 수도 있습니다. 자녀의 의사를 존중하는 것과 방임하는 것의 차이는 아주 작습니다. 작은 차이가 바람직한 아빠와 무책임한 아빠를 가르기도 합니다. "괜찮아, 그런데 난 널 믿는다. 잘할 거야."라고 하는 것이 더 괜찮은 표현입니다.

나 때문이 아닌데

    은경이는 불안장애와 무기력으로 내원했습니다. 은경이는 증세의 원인 중 하나가 아빠라고 생각합니다. 아빠의 경제적 무능과 아빠의 버럭거림이 이런 자신을 만들었다고 말합니다. 그러나 상담을 통해 본 은경이의 증세의 대부분은 성취지향적이며 부정적인 언행이 일상이었던 엄마 때문일 가능성이 더 많았습니다. 정서의 공감면에서도 엄마가 더 부족했으며 지적과 비난 역시 엄마가 더 많았습니다. 결과에 대한 관심으로 은경이에게 불안감을 유발한 것도 엄마입니다. 그런데 은경이는 오히려 엄마에게 의지하고 아빠를 더 미워합니다.

    이런 경우의 가족에게는 공통점이 있습니다. 대체로 엄마가 강하고 자기 주도적입니다. 엄마가 경제력을 책임지는 경우가 많았으며 아빠는 경제력과 사회적 활동이 미흡한 경우가 좀 더 있었습니다. 그래서 가족 내부적으로 엄마의 결정 권한이 큽니다. 엄마가 정서적 문제를 가진 경우가 많았고 그래서 부부 혹은 자녀와의 문제가 엄마 때문에 야기되는 경우가 더 많습니다. 그럼에도 대부분의 가족 구성원은 엄마에게 의지하거나 엄마의 결정을 기다리는 경우가 흔합니다. 아빠는 엄마와 문제 해결을 위한 대화나 다툼을 피하는 경우가 많고, 자녀는 엄마보다 아빠 때문에 가족 내 문제가 생겼다고 말합니다.

이런 상황은 부부가 바뀌어도 마찬가지입니다. 지나치게 강한 아빠와 너무 유약한 엄마를 둔 자녀의 경우도 사실은 비슷합니다. 부부 사이의 균형이 지나치게 한쪽으로 쏠려 균형을 잡지 못한 경우입니다. 강한 한쪽이 심리적으로 안정되어 있고 긍정적인 경우는 가족 내에 정서적 안정을 가져올 수 있지만 반대의 경우는 가족 전체로 정서적 문제가 감염됩니다. 그런데 자녀는 이런 문제의 원인을 약한 부모의 탓으로 여기는 것입니다.

은경이 아빠의 경우, 아빠의 책임이 전혀 없는 것은 아닙니다. 아빠는 엄마와의 다툼이 있으면 그 화풀이를 은경이에게 했습니다. 폭력을 쓰거나 욕을 한 것은 아니지만 신경질을 부리거나 부정적인 말을 반복적으로 했습니다. 물론 아빠는 그런 행동을 반복했다는 것을 인지하지 못했습니다. 그러니 은경이의 불안장애가 자신의 탓이라고 하는 것이 속으로는 불편합니다.

청소년의 심리적 증세가 어느 한 사람 때문이라고 하기 어려운 경우가 많습니다. 물론 특별한 사건에 의한 심리적 증세를 빼면 그렇습니다. 개인에게 영향을 미치는 수많은 요인이 있기에 진짜 원인을 찾기 어려운 경우도 있습니다. 가령 한 고등학생이 욕을 한 친구에게 폭력을 휘둘렀다면 과연 욕을 한 행위가 폭력의 진짜 원인일까요? 사실 아닌 경우가 더 많습니다. 이전에 선생님에게 부당하게 혼이 났었다면 오히려 선생님이 진짜 원인일 수도 있습니다. 또 지속적으로 불안증세가 있었다면 불안 증세가 원인에 더 가깝습니다.

심리상담을 하는 내담자의 진짜 심리적 상처의 원인을 아는 것은 매우 어렵습니다. 그러나 우리가 생각하는 것보다 가족의 문제에 의한 경우가 많습니다. 대개는 외부적인(학교, 친구, 인터넷) 요인으로 심리적 문제가 더 많이 생길 것으로 생각하지만 상담에서 나타난 결과는 그렇지 않습니다.

가족 내부의 원인이라면 가장 중요한 것은 역시 부모입니다. 여기에서 또 우리의 일반적인 생각보다 부모의 경제력, 학력, 지위는 중요하지 않았습니다. 물론 영향이 없다는 것이 아닙니다. 오히려 부모의 양육태도가 가장 중요한 요인 중 하나였습니다. 또 안타깝게도 그 누구(아빠, 엄마)를 비난할 필요 없이 둘 다 원인인 경우가 더 많았습니다. 자녀양육을 아직도 아내의 몫이라고 생각하는 아빠도 있습니다. 그러나 책임은 아빠가 50%라는 것을 잊으면 안 됩니다.

아빠를 위한 제안

아직까지 자녀 양육에서 주도권을 가지고 있는 것은 엄마입니다. 유소년기부터 자녀와의 관계에서 주도권을 가져 보지 못한 아빠로서는 자녀와의 관계가 아무래도 쉽지 않습니다. 그렇지만 다른 면으로 생각해

보면 그만큼 자녀와 떨어져 있었기 때문에 자녀의 원망을 들을 가능성도 낮습니다. 그럼에도 자녀가 아빠에게 미움을 보인다면 그 이유는 무엇일까요?

가장 단순한 이유는 볼 때마다 미운 짓(?)을 하기 때문입니다. 엄마는 자녀와 3시간을 보내면 잔소리도 하지만 자녀가 원하는 것도 해줍니다. 가령 맛있는 밥도 해주고 자녀의 외모에도 관심을 가지며 공부와 친구에 대한 이야기도 합니다. 그런데 하루 단 30분을 만나는 아빠는 어떤까요? 만약 그 30분간 자녀를 감동시켰다면 자녀는 이렇게 말했을 것입니다. "완벽한 아빠였어요." 3시간을 보낸 엄마보다 더 많은 칭찬을 받았을 것입니다. 자녀와 보내는 시간이 부족한 아빠는 짧은 시간이라도 긍정적인 표현으로 자녀의 마음을 얻는다면 질적으로 좋은 관계를 맺을 수 있습니다.

은경이의 경우도 이런 이유입니다. 아빠 입장에서는 억울하겠지만 은경이 느낌이 틀린 것은 아닙니다. 은경이 아빠처럼 집안에서의 역할이 미약한 아빠도 있습니다. 역할이 미약하지는 않지만 아내가 주도적이기 때문에 갈등을 겪는 경우도 있을 것입니다. 이런 경우 중요한 팁이 있습니다. 아내와 마찰이 있고, 감정이 남아 있는 경우 자녀에게는 극히 조심하라는 것입니다. 아무래도 아내에 대한 감정이 남아 있으면 연약한 자녀에게 투사된 감정을 나타내기 쉽습니다. 본인은 그렇지 않다고 하겠지만 자녀는 아빠의 작은 신경질도 두 배로 느낍니다.

다름이 풍요롭게 한다

먼저 질문을 하려고 합니다.

첫 번째, 지금 나와 잘 맞는 배우자와 살고 있나요?
두 번째, 열 손가락 깨물면 똑같이 아픈가요?
세 번째, 나의 사춘기와 아이의 사춘기는 같을까요?

제가 20년 넘게 결혼생활을 했고 두 아이가 있으니 우리 가족은 잘 맞고 비슷할 것이라고 생각하는 분도(내담자와 부모님) 있습니다. 그러나 우리 가족 4명은 각기 다릅니다. 비슷한 면도 있지만 다른 면이 더 많습니다. 그러나 다른 면으로 인해 불행하거나 혹은 싸움의 발단이 되기보다는 오히려 삶을 풍요롭게 하거나 행복하게 하는 면이 더 많습니다.

상담을 하다 보면 이혼을 하기 위해 상담을 하는 경우도 있습니다. 이혼을 하려고 하지만 마지막으로 상담을 한 번 해보자고 오기도 합니다. 또한 이혼 이야기를 직접 꺼내지는 않더라도 같이 살고 있는 배우자와의 '다름'에 대한 고통과 어려움을 호소하는 분은 많습니다.

상담에 오는 부모 중에는 "자녀가 어색해요."라고 말하는 분도 있습니다. 자식이라한들 나와 100% 잘 맞을 수가 있을까요? 아이가 클수록 나와 다른 점이 더 잘 부각되기도 합니다. 나와 달라서 더 사랑스럽다면 다행이지만 그렇지 못한 경우도 있습니다. 해당 자녀는 다른 형제에 비해 차별을 받는다고 생각하며 실제로 상담을 해보면 그렇습니다.

상담을 하다 보면 지엽적인 문제에 대한 부모들의 질문이 많습니다. 대부분은 부모의 사춘기와 자녀의 사춘기의 다름에 대한 문제입니다. 이성교제, 화려한 독서실, 카페, 다양한 음식문화, 일본 웹툰과 만화 등 이런 질문 하나하나를 다 정답으로 이끌 수는 없습니다. 아무리 다양한 청소년을 만나는 전문가도 한계가 있기 마련입니다. 가끔은 저조차도 "요즘 애들은⋯."이라는 말이 나옵니다.

석기시대 그림에도 "요즘 애들은⋯."이라는 의미의 그림이 있었다는 우스갯소리를 들었습니다. 그때의 어른도 아이들을 다 이해하지는 못했을 것입니다.

사회적으로도 서로의 다름에 대한 토의가 활발합니다. '다름'을 수용하고 서로 포용적으로 바라봐야 합니다. 저는 상담사례를 통해 '다름'이 정말 불행의 시작이었는지 아니면 다른 원인이 있는지 이야기 해보려 합니다.

영자 씨는 40대입니다. 정년이 보장되는 정규직입니다. 알뜰하고 재테크도 잘해서 비록 지방이지만 집이 있고 노년에 경제적으로도 힘들지 않을 정도의 저축도 되어 있습니다. 영자 씨 남편은 영자 씨와는 달랐습니다. 대학을 나왔지만 변변한 직업이 없습니다. 자기 용돈을 벌 정도의 임시직을 하고 있습니다. 영자 씨는 이혼에 대한 생각은 없습니다. 그러나 남편이 좀 더 적극적인 사회생활을 하고 돈도 많이 벌기를 바랍니다.

여기까지 이야기를 하면 아마 대부분은 남편의 무능함을 탓할 수도 있을 것입니다. 영자 씨는 불행한 과거를 가지고 있습니다. 알코올중독으로 폭력을 쓰는 아빠와 수동적인 엄마 사이에서 유소년기에 많은 정신적 상처를 입었습니다. 이런 이유로 영자 씨는 관계에 서툴고 어색합니다. 그래서 회사에서도 사회에서도 친한 친구와 동료가 없습니다. 동네에도 인사를 하고 지내는 이웃이 없습니다.

영자 씨는 왜 지금의 남편과 결혼했을까요? 상담을 통해 영자 씨와 이런 결론에 도달했습니다. 영자 씨는 무의식적으로 다정하고 자기를 자기보다 더 사랑해줄 것 같은 이성을 찾았습니다. 그런 사람이 바로 지금의 남편이었습니다. 배우자를 택할 때만 해도 영자 씨는 돈을 많이 벌거나 지위가 높은 사람을 원하지는 않았습니다.

남편은 영자 씨와는 달랐습니다. 동네에서 소문난 '좋은 사람'입니다. 친절하고 밝은 사람입니다. 그래서 정규직은 아니지만 오라는 곳은 많습니다. 비록 아르바이트에 불과하지만 돈을 벌고는 있습니다. 영자 씨에게도 누구보다 다정한 사람입니다. 더군다나 영자 씨를 사랑합니다. 밝고 긍정적이며 다정한 사람, 사실 영자 씨가 평생 원하던 그런 사람인 것이 맞습니다. 영자 씨 부부에게 경제적인 문제는 없습니다. 지금 당장도 영자 씨가 충분히 벌고 있고 지금의 자산으로 궁핍한 노년을 예상할 필요도 없습니다.

이 부부는 달라서 불행했을까요?

자녀 양육에도 다름에 의한 문제는 너무 많습니다. 성격과 가치관이 다른 경우의 상담도 많고 사춘기 자녀의 문화에 의한 자녀의 말과 행동을 이해하지 못해서 생기는 크고 작은 문제를 상담하는 부모도 많습니다. 다르다는 것은 옳고 그름의 문제가 아니기 때문에 고치고 바꾸는 것이 능사가 아닙니다. 가장 좋은 방법은 서로의 장점을 인정하고 이용하는 것입니다. 영자 씨 부부의 경우도 같습니다. 영자 씨는 현실적인 문제에 강하지만 정서적인 문제는 남편의 몫이면 좋습니다. 서로의 장점으로 서로가 얻는 이익과 행복은 완벽합니다.

아빠를 위한 제안

"상대방을 바꾸려고 해서 다툼이 일어나요."라고 합니다. 그러나 사람은 조금씩 변하고 결혼을 통해 많이 바뀝니다. 불행해지는 원인은 다름도 아니고 바꾸려고 해서도 아닙니다. '다름'은 가족의 행복을 망치지 않습니다. **단지 '바꾸려는 방법이 잘못 되어서'입니다. 지적과 비난, 이것이 서로를 미워하고 불행하게 만듭니다.**

실제로 상담에 오는 분들의 이야기를 듣고 집단으로 상담을 해보면 다름에 의한 갈등보다는 다름을 표현하는 방법 또는 고치려는 말과 행동에 의해 더 많은 갈등이 생기고 미움이 생긴다는 것을 알 수 있습니다. 양육에 있어서도 마찬가지입니다. 자녀는 부모가 하는 말이 틀려서가 아니라 그 말을 하는 태도에 더 화가 나는 것입니다.

유소년 자녀의 경우는 자녀의 의견보다 부모의 의견이 앞서는 경우가 많습니다. 유소년 자녀도 자녀의 의견을 많이 물어 보고 자녀가 스스로 자신의 의견을 말하고 느끼게 해야 하지만 그렇지 못한 경우가 있습니다. 그러나 사춘기 자녀는 다릅니다. 중2병이라는 사춘기 열병이 생기는 원인의 하나가 바로 자신의 의견이 반영되지 못하는 현실 때문입니다.

자녀의 의견은 옳고 그름의 문제가 아닙니다. 자기가 스스로 생각하고 해보고 싶다는 열망이 강합니다. 발달과업에서 바람직한 현상입니다. 다만 부모가 얼마나 수용적으로 그것을 바라볼 수 있느냐의 문제입니다. 자녀의 사소하고 작은 다름을 못마땅하게 생각하고 지적하면 바람직한 양육은 어렵습니다. 반대로 우리 가족의 다름을 어떻게 조화롭게 만들 것인지는 부모의 태도에 달렸습니다.

Part 3

소통을 위한
준비운동

"우리 해외여행 가기로 했습니다."

상담한 아빠가 갑자기 저에게 이런 말을 하면 상담 내용을 오해한 경우에 해당됩니다. 아마 상담 내용 중 자녀와 여행가는 것도 관계 개선을 위한 하나의 방법이라고 제가 말했을 것입니다. 그런데 그 말보다 더 중요한 여러 가지 이야기는 빼고 '여행'이라는 말만 기억했던 것입니다. 아빠들은 자녀와의 관계 개선을 어느 한 가지 스킬이나 이벤트로 바꿀 수 있다고 생각하는 경우가 있습니다. 그러나 모든 일이 다 그렇듯 기본이 가장 중요하고 기본을 벗어난 비법은 없습니다. 자녀와의 신뢰를 쌓는 것도, 이미 어긋난 관계를 복원시키는 방법도 기본이 먼저입니다.

부모님 면담, 특히 아빠면담을 하면 아빠는 실용적이고 실질적으로 당장 효과를 볼 수 있는 기술을 전수 받기를 원합니다. 아무리 기본을 강조해도 결국은 "그래서 어떻게 하면 돼요?"라고 질문합니다. 그러나 특별한 기술은 없습니다. 자녀와의 관계에서 신뢰를 얻기 위해서는 기본이 중요합니다. 특히 이미 어긋난 자녀인 경우는 더 그렇습니다. 만약 자녀가 이제 고등학교 2학년이라면 부모 마음은 급합니다. 급한 마음에 비법에 매달립니다. 빨리 자녀의 심리적 문제를 해결하고 입시를 준비하고 싶겠지만 그럴수록 더 천천히 가야 좋은 결과를 낼 수 있습니다.

자녀와 신뢰를 쌓기 위한 첫 번째 단계는 자신을 알고, 자신이 아빠로서 해야 할 역할에 대한 이해가 있어야 합니다. 그리고 부부 사이의 관계에 대한 조절이 있어야 가능합니다. 이 세 가지는 어긋난 자녀와의 관계를 회복시키는데 가장 기본이 되는 것입니다.

나는 왜 이럴까?

　자녀 양육에서 가장 중요한 요소는 무엇일까요?

　수많은 양육도서를 읽고 전문가에게 수많은 조언을 듣지만 자녀와의 관계가 개선되지 않는 이유는 무엇일까요?

　먼저 상담 사례 한 가지를 보겠습니다.

　유한이 부모는 부부 모두가 비슷한 가족사를 가지고 있습니다. 유한이가 학교에서 여러 가지 문제로 상담이 필요하다는 선생님의 말과 반항적이며 집중력이 부족한 유한이를 위해 내원했습니다. 저에게 오기 전 다른 상담을 한 경험이 있으며, 부모는 유한이에게 문제가 있다고 생각했습니다. 상담을 어느 정도 진행한 후 부모 상담에서 우리는 유한이뿐 아니라 부모에게 있는 문제 전부를 서로 이야기 할 시간을 가졌습니다. 결과, 유한이의 문제는 유한이가 부모에게 사랑받지 못했다고 느끼면서 시작되었습니다. 물론 부모는 그것을 몰랐습니다. 왜 몰랐을까요?

"때리지만 않으면 좋은 건지 알았어요."

이 말은 상담이 끝나고 유한이 엄마가 한 말입니다. 부부는 지독히 사랑받지 못한 가정에서 자랐습니다. 특히 엄마는 폭력을 쓰는 아빠 밑에서 청소년기까지 맞으면서 자랐습니다. 그래서 때리지만 않으면 자녀에게 사랑을 준 것이라고 믿었습니다. 그러니 어떤 의사나 상담사가 자녀를 사랑하라고 아무리 조언해도 부부는 사랑하고 있다고 생각했던 것입니다. 처방으로 두 부부에게 자녀를 사랑하는 방법을 하나하나 가르쳐야 했습니다. 그 가르침의 시작은 이거였습니다.

"처음에 두 분 만났을 때 표정이 너무 무서웠어요."

유한이 부모는 자신의 표정이 얼마나 무섭게 보이는지 모릅니다. 그렇다고 화를 잘 내거나 다른 사람에게 폭력적인 부부가 절대 아닙니다. 오히려 내성적이며 지나치게 조심스러워 합니다. 그럼에도 부부의 표정은 너무 어둡고 무표정합니다. 자신의 표정이 무섭다는 것을, 그리고 왜 그렇게 표정이 굳어졌는지 알고 유한이에게 나쁜 영향을 준다는 것을 안다면 바꿀 수 있습니다.

저는 유한이 부모님에게 종이 하나를 보여 주었습니다. 거기에는 유한이가 부모에게 바라는 것이 적혀 있었습니다.

"아빠, 엄마가 웃었으면 좋겠어요."

유한이 엄마, 아빠의 표정과 말, 행동이 쉽게 바뀌지는 않을 것입니다. 그래도 몰랐을 때보다는 발전할 가능성이 있습니다. 그러면 유한이도 차츰 좋아질 것입니다. 부모가 바뀌면 자녀도 변합니다.

우리는 배우자와 자녀에 대해 매우 잘 알고 있다고 생각합니다. "이건 이렇고, 저건 저렇고…." 이렇게 자녀와 배우자에 대해 쉽게 단정적으로 얘기합니다. 그런데 사실 우리는 배우자나 자녀에 대해 잘 모르고 있습니다. 양육과 결혼은 서로에 대해 알아가는 과정이지 100% 알 수는 없습니다. 더 중요한 것은 스스로에 대해서도 잘 모르고 있다는 것입니다. 우리의 마음속에는 깊은 곳에 감춰진 것이 있기 마련이며, 나이를 들면서 점점 변하고 있기도 하기 때문입니다.

자녀의 사춘기 시기는 잘 안다고 생각했던 스스로를 다시 돌아보아야 하는 시기입니다. 이때에 자신을 돌아보는 것이 왜 양육과 가족 그리고 스스로에게도 도움이 되는 것일까요?

상담을 하다 보면 자수성가를 이룬 부모(A)들을 만나게 됩니다. 어린 시절 친척집을 전전하며 명문대를 졸업하고 전문직에 종사하는 부모는 자녀에게 성적에 대한 스트레스를 줍니다. 게다가 어려움에 대한 공감 능력도 떨어집니다. "뭐가 힘듭니까?" 이런 말로 자녀에게 상처를 주기도 합니다. 그런데 부모면담을 하다 보니 새로운 진실을 보게 되었습니다.

부모들이 공부하던 그 시기엔 누구나 경제적으로 어려웠습니다. 물론 친척집을 전전하는 것도 상처(경제적)였겠지만 사실 아빠에게 더 큰 상처는 '눈치밥(정서적 상처)'이었을 것입니다. 그런데 아빠는 경제적 여유를 자녀에게 주었다면서 잔소리, 비난, 부정적 표정 등 더 큰 '눈치밥'

을 자녀에게 주고 있었습니다. 유한이 부모도, A도 스스로를 잘 알고 있다고 생각하지만 사실 우리는 너무 모르고 있습니다. 그래서 변하지 못하는 것입니다. 아빠의 변하지 않는 모습을 성격이나 유전적 요인으로 가볍게 생각할 수도 있습니다. 그러나 아빠 본인도 자라온 환경과 자신의 부모의 양육태도에 의해 후천적으로 만들어진 정체성과 같은 것일 뿐, 정확히 안다면 충분히 바뀔 수 있습니다.

자신에 대해 아는 것은 소통에 있어서 가장 중요하고 기본이 됩니다. 스스로를 알아가고 발전시키는 과정이 결혼생활의 일부이며 자녀양육의 또 다른 모습입니다. 혼자 살 때는 스스로가 어떤 사람인지 알 필요가 거의 없습니다. 그런데 자녀가 사춘기가 되면 아빠든 부모든 거의 강제적으로 "내가 어떤 사람인가?" 알기를 강요받게 됩니다. 그래야 진정한 가족으로 발전할 수 있기 때문입니다.

저는 이 과정이 자녀의 사춘기와 마찬가지로 행복한 노년을 위한 부모의 사춘기라고 생각합니다. 저는 상담에서 이 과정을 '성찰의 시간'이라 부릅니다. 이때에 자녀와 함께 스스로를 돌아봄으로써 부모는 노년에 건강한 자아를 가지게 되는 것이 아닐까라고 생각합니다. 이런 과정이 없이 60대가 되어 가족관계에 있어 힘들어 하고 인생에 대한 회의를 느끼는 분도 많이 만나 보았습니다. 우리 부모세대와는 달리 우리는 자녀가 성인이 된 후에도 살아갈 시간이 깁니다.

그러니 자녀의 말썽이 이해가 안 되고, 부부 사이에 소통이 막힐 때, 먼저 나는 어떤 사람인지 돌아보는 시간을 가지길 바랍니다.

달라진 아빠의 역할

　유아기 육아에 대한 일반인의 관심은 지대합니다. 끊임없이 방송 프로가 나오고 책도 많이 발간됩니다. 발달학적인 관점에서 유아기는 매우 중요합니다. 더 나아가 자녀를 키우다 보면 사춘기도 그 못지않게 중요하다는 것을 알게 됩니다. 사춘기 자녀의 문제에 대한 접근은 부모의 양육을 먼저 돌아보는데서 시작해야 합니다. 그러자면 부모의 역할에 대한 이해가 있어야 합니다. 그중에서 아빠의 역할에 대한 이야기를 하려 합니다.

　청소년 자녀의 양육에 있어 아빠의 역할은 무엇일까요? 이전에 아빠의 역할은 경제적인 부분을 책임지는 것으로 대변되었으나 이 역할은 이미 무너졌습니다. 지금은 엄마와 아빠의 역할의 분할이 무의미해졌습니다. 공동 육아라는 개념이 생긴 이유입니다. 엄마의 육아, 즉 집안일,

자녀의 교육, 정서적 상담 등 모든 부분에서 아빠는 엄마와 같이 책임을 공유해야 합니다. 구체적으로 보면, 가족이 지내려면 기본적으로 해야 하는 음식을 만들고 청소를 하고 집안에 필요한 물건을 구입하는 일 등의 활동이 있습니다. 이런 일만으로 머리가 복잡합니다. 보편적으로 아빠는 단지 집안일을 하는 것이 공동 육아라고 생각합니다. 부부가 사회적 활동을 하는 경우엔 아빠가 하는 일은 쓰레기를 버리거나 집안 청소를 하거나 마트에서 물건을 구입하는 정도입니다.

그런데 사춘기 자녀와 지내려면 이 범위도 달라집니다. 자녀와 서점에 가거나 자녀의 학습에 필요한 물건 등을 같이 구입할 수도 있고, 참고서를 알아보거나 같이 구입할 수도 있습니다. 외모에 관심이 있는 딸이라면 신발이나 옷에 대한 조언을 할 수도 있으며, 필요하다면 같이 쇼핑도 해야 합니다.

엄마의 중요한 역할은 **심리상담전문가**와 같습니다. 전통적인 집안일이 자녀의 건강한 육체적 발달을 위한 것이었다면, 이제는 정서의 발달과 안정을 위한 엄마의 역할이 필요합니다. 유치원, 초등학교, 중학교를 정상적으로 진학해도 자녀들은 정상적인 두려움을 가집니다. 중학교에 올라가 친구를 새롭게 만나 좋은 관계를 만들어 가길 원하면서도 스트레스는 있습니다. 그러니 자신이 원하지 않는 뜻밖의 일에는 당연히 정서적 문제가 생깁니다. 이때 자녀의 푸념을 들어주고 위로하고 같이 고민하는 것이 엄마의 역할입니다. 자녀의 투정과 불평, 혹은 힘듦을 호소하는 것을 들어주는 것은 매우 중요합니다. 어쩌면 가족 모두가 '집'을 '가정(Sweet Home)'으로 여기게 되는 가장 중요한 이유입니다. 그럼에도 많이 부족한 엄마의 모습입니다.

특히 우리나라만의 청소년 양육의 특징은 교육 문제입니다. 그래서 유아기보다 청소년 자녀의 양육이 더 힘들고 어려운 것 같습니다. 교육의 문제는 단지 학교 내신이나 대학 입시에 국한 되는 것이 아니라 자녀의 진로와 꿈에 대한 문제이기도 합니다. 그래서 교육자의 역할과 멘토의 역할이 병행되어야 합니다. 어느 학원에 보낼지 결정하고 어느 점수로 어느 대학에 진학 시킬지 정하는 것과는 차원이 다릅니다. 최근에는 현재의 사회적 어려움 때문인지 더욱 중요해진 듯 합니다. 그래서 아빠의 역할은 더욱 중요합니다.

또 하나는 **친구 같은 아빠**입니다. '친구'라는 개념은 기존의 엄마 역할에도 없었지만 최근 10년 사이에 생긴 부모의 역할입니다. 가부장적인 권위를 버린 시대의 변화된 모습이라고 할 수 있습니다. 이 부분은 유소년기에는 '자녀와 같이 잘 놀아 주는 아빠'로 인식이 되지만 청소년 육아에서는 정의하기가 쉽지 않습니다. 사춘기 자녀는 또래와 어울리고 소통하는 또래 문화를 통해 많은 것을 배웁니다. 사춘기 자녀와 친구처럼 지낸다는 것은 친구처럼 대화하며 소통할 수 있는지의 문제입니다. 강요가 아닌 동등한 입장에서 대화하고 서로의 의견을 조율할 수 있다면 친구의 역할을 잘 하고 있는 것입니다.

이런 아빠의 역할을 아무리 강조해도 누구나 똑같이 수행할 수는 없습니다. 이제 이미 다 큰 사춘기 자녀와 과거로 돌아가 다시 처음부터 시작할 수도 없습니다. 그러니 지금 상황에 맞춰 일단 할 수 있는 것부터 시작해야 합니다.

이미 자녀와의 사이가 좋아 문제가 없다면 모르지만 어긋나 있거나 어색하다면 욕심 부리지 않고 중요한 것부터 시작해도 좋습니다. 상담을 통해서 느낀 저의 개인적 의견으로는 심리상담전문가의 역할이 가장 중요합니다. 저는 '친구 같은 상담가'라고 이름을 지었습니다. 친구 같지만 자녀의 정서를 돌봐주는 역할입니다. 이 역할을 잘할 수만 있다면 자녀와의 신뢰관계에 도움이 됩니다.

상담을 하다 보면 청소년 내담자가 눈에 띄게 변하는 경우가 있습니다. 대부분의 경우는 부모가 변해서입니다.

"엄마가 부정적인 지적을 안 해요."

"아빠가 내 얘기를 들어줘요."

부모가 조금만 달라져도 자녀들은 그 이상으로 좋아졌습니다. 혹시 자녀의 심리 상태가 너무 나쁘다고 실망할 필요가 없습니다. 조금만 달라져도 우리가 예상하는 것보다 더 좋아진 자녀를 볼 수 있습니다. 그리고 위에서 언급한 아빠의 역할을 완벽하게 해야 한다는 강박을 가질 필요도 없습니다. 강박은 자녀와 보내는 시간을 힘들게 할 뿐입니다. 의무감으로 역할을 수행하려고 하면 오히려 자녀를 미워하게 될 수 있습니다. 아빠에게도 즐거운 시간이 되어야 성숙할 수 있습니다.

아내를 적으로 돌리지 마라

　혹시 지금 자녀와의 관계가 원만하고 큰 불만이 없으며, 자녀 역시 아빠와의 관계가 좋다고 느끼는 가족이 있다면 그 공의 대부분은 엄마 때문입니다. 양육에 크게 기여한 것이 없는데(경제적 부분은 빼고) 자녀가 아빠를 존경한다면 전생에 나라를 구한 분입니다. 아내에게 감사해야 할 일입니다.

　아빠가 사춘기 자녀를 양육함에 있어 어려움을 겪는 두 가지 경우를 먼저 보겠습니다.

　첫 번째, 대부분의 역할을 아내가 하고 남편은 들러리인 경우입니다. 이 경우가 가장 많습니다. 자녀가 잘 성장하고 아무 문제가 없다면 무조건 아내 덕이라고 생각하면 됩니다. 괜히 경제적인 면을 들어 생색내면 그때부터 구박덩이가 됩니다.

그러나 청소년 자녀에게 문제가 있다고 생각되면 아빠 역시 자신의 의견을 말해야 합니다. 그런데 잘못 말하면 싸우는 경우가 대부분입니다. 말투부터 조심해야 합니다. 예를 들어 자녀의 성적이 떨어지고 공부에 열성을 보이지 않는다고 "내가 벌어다 준 돈으로 도대체 어떻게 아이를 키우는 거야?"와 같은 말은 정말 최악입니다. "학원 좀 줄여라. 애들이 철인이냐? 쉬면서 해야지."와 같은 말은 더 최악입니다. 자기만 좋은 사람이 되고 엄마를 나쁜 사람으로 만들기 때문입니다.

"학원 하나만 줄이면 안 돼? 내가 책임지고 아이와 이야기 해볼게."

이런 표현은 좋습니다. 엄마도 책임을 면하고 싶고, 아빠가 자녀와 이야기 한다고 하니 동지의식도 생깁니다. 가장 좋은 방법은 아내와 자녀에게 위로의 말을 하는 것입니다. 단 서로를 비난하지 않으면서 위로해야 합니다.

"그 놈이 나쁜 놈이야.", "너의 엄마가 잘못해서 그런 거야."는 비난입니다.

"공부하느라 힘들지, 안다.", "애들 사춘기 때는 공부 때문에 다들 힘들대, 잘하고 있었으니 너무 상심하지 마." 이건 위로입니다.

두 번째는 최근에 점점 많아지는 경우인데, 둘 다 양육에 관여하지만 둘 사이의 의견 차이가 많은 경우입니다. 대부분의 부부가 해당됩니다. 이런 부부와 상담을 하면 심하게는 서로 욕하느라 상담을 하기 힘든 경우도 있는데, 저의 관점으로는 오히려 자녀 양육을 가장 이상적으로 할 수 있는 케이스입니다. 본인들은 이렇게 달라서 어떻게 살 수 있겠냐는 의문을 갖겠지만 그런 차이 때문에 더 건강한 양육을 할 수도 있습니다. 어느 누구도 완벽한 사람은 없습니다. 서로 다른 부부야말로 뜻을 합친다면 완벽에 가까울 수 있습니다. 그런 부모를 보면서 자란 자녀가 어떻게 건강하지 않을 수 있겠습니까?

부부의 양육 차이 혹은 성격 차이 때문에 자녀가 혼란을 겪거나 불행해지는 것이 아니라 그 차이를 비난하기 때문에 자녀가 혼란스럽고 불행해지는 것입니다.

부부가 이혼하는 가장 많은 이유는 '성격 차이'입니다. 가족이 불행하다고 느끼는 이유도 마찬가지일 것입니다. 그런데 저는 반대로 그 차이가 오히려 삶을 풍성하게 해준다고 조언하는 경우가 있습니다. 어느 인간도 완벽하지 못하니 자신의 단점을 보완할 수 있는 상대를 만나는 것이 완전해질 수 있는 방법입니다. 풍성한 삶은 행복을 가져다줍니다.

너무 다른 부부의 이야기를 보겠습니다. 2013년도 신문에 나온 기사를 요약해 보겠습니다.

미국 캘리포니아 주에 사는 레스와 헬렌 부부는 10대 때 처음 만나 76년을 같이 살다가 하루의 시간 차이를 두고 세상을 떠났다. 두 부부는 같은 동네에서 같은 고등학교를 다녔고 생일이 같았다. 그러나 이것 이외는 공통점이 없었다. 레스 부모는 부유한 사업가였고, 헬렌 부모는 가난한 철도 노동자였다. 둘의 성격은 물과 기름처럼 달랐다. 헬렌은 매사 단호하고 분명했으며, 레스는 물렁하고 사람 좋기로 유명했다. 이 둘의 둘째 아들 대니얼은 바로 이런 차이점 덕분에 부모님이 행복했다고 추억했다. 아들 다니엘은 "두 분이 서로 다른 점을 인정하고 서로 부족한 부분을 채웠다."며 "모든 면에서 잘 맞았고, 어려운 시기도 흔들림 없이 넘길 수 있었다."라고 말했다.

여기에는 서로 다른 부부가 어떻게 바람직한 양육을 할 수 있는지에 대한 정답이 있습니다. '두 분이 서로 다른 점을 인정하고 서로 부족한 부분을 채웠다'는 것이 정답입니다.

자녀 때문에 상담을 하러 온 부부에게 저는 비난이나 지적을 하지 않습니다. 객관적으로 어이없을 만큼 한쪽이 잘못한 경우조차도 잘못을 지적하지 않습니다. 오히려 부부 각자의 장점에 대한 칭찬이 상담시간 내내 이어집니다. 서로의 단점을 보면 서로의 다른 점을 인정하기는커녕 비난하게 됩니다. 그러나 서로의 장점을 보면 다름을 인정하게 됩니다. 장점을 인정하면 서로의 부족한 부분을 채울 수 있습니다. 이것은 단지 부부 사이의 관계에만 도움이 되는 것이 아닙니다. 자녀 양육에서 이보다 더 바람직한 부부의 모습은 없습니다.

상담하러 와서 자녀가 부모의 욕을 하는 경우도 있습니다. 그런데 들어보면 대부분 부모가 상대방에게 했던 말을 기억해서입니다. 만약 "네 아빠는 돈만 벌줄 알아."라는 말을 계속 들은 자녀는 아빠를 돈만 좋아하는 사람으로 묘사합니다. 그런데 반대의 경우를 상상해 보세요. "네 아빠는 정말 열심히 일해."라는 말을 기억한 자녀는 아빠가 사회에서 열심히 일하고 인정받는다고 말합니다. 여기서 두 아빠는 같은 아빠입니다.

자녀의 양육에 관심이 많고 참여하고 싶은 아빠는 아내를 먼저 내편으로 만들어야 합니다. 아내도 마찬가지입니다. 이것에 왕도는 없습니다. 대화를 많이 하고 조율하는 것이 가장 좋고 유일한 방법입니다.

저희도 부부 싸움을 합니다. 그러나 가능하면 아이들 앞에서는 안 하려고 했습니다. 100% 그렇지는 못했습니다. 그리고 서로의 의견도 100% 조율했다고 말할 수는 없습니다. 그러나 주말에는 항상 둘만의 시간을 가졌습니다. 산책을 하거나 커피를 마시면서 여러 가지 이야기를 합니다. 두 아이의 진로 문제, 친구, 지금 아이가 힘들어 하는 것에 대해 이야기 하고, 어떻게 하는 것이 아이에게 더 도움이 될 것인지 의견을 교환합니다. 항상 의견이 일치하지 않아도 더 좋은 방향을 향해 나가려고 노력합니다.

아빠가 엄마에게 미치는 영향에 대해 두 가지 더 이야기 하겠습니다.

첫째, 아빠가 하는 사소한 한 마디는 엄마에게 에너지가 되기도 하고 무기력을 야기하기도 합니다. 긍정적인 말과 부정적인 말이 대표적인 예입니다. 자녀에게는 '날 닮아서'라거나 반대로 '누굴 닮아서'라는 표현도 있습니다. 자녀가 가지고 있는 재능, 지능, 특성 등을 빗대어 편을 가르는 것은 엄마에게도 부정적인 영향을 주지만 자녀에게도 마찬가지입니다. 아빠는 가볍게 별 의미 없이 한 말이지만 가족의 화목을 깰 수 있다는 것을 명심하기 바랍니다.

두 번째로 성취지향적인 아빠가 엄마를 통해 자녀의 성취만을 강요하게도 만듭니다. 아빠나 시댁의 지나친 기대가 엄마에게 바람직하지 못한 양육과 교육을 시키도록 은근히 강요하는 경우가 있습니다. "그래도

SKY대학은 가야지.", "아빠가 ○○○인대 아이도 잘하겠지." 등, 적절한 기대는 도움이 되지만 지나친 기대와 아빠가 보여주는 성취적 삶은 엄마가 유연한 사고를 못하게 만듭니다. 아내에게 "왜 그렇게 아이들에게 목숨을 걸어?"라고 하기 전에 한 번 아내의 입장이 되어보세요. 분명 그럴 만한 이유가 있을 것입니다.

자녀 양육에 관한 토론을 하다 보면 흔히 하는 말이 '자녀가 바뀌어야 성적이 오른다', '자녀를 바꿔야 가족이 행복하다' 등 자녀를 바꾸는 데 중점을 둡니다. 그러나 저는 '부모가 바뀌어야'라는 말을 가장 먼저 합니다. 어긋난 자녀와의 관계에서 가장 먼저 고민해야 하는 부분은 청소년의 말과 행동 그리고 그들이 가지고 있는 특성이나 잘못된 방향이 아니라 부모가 가지고 있는 모든 것을 다시 돌아보고 생각해보는 것이 먼저입니다.

이런 핑계 대지 마라

아빠와 면담을 하면 비슷한 주장을 하는 경우가 있습니다. 그중 대표적인 것이 '너무 바빠서', '다 해주었는데', '너희 때문에'와 같은 표현입니다. 사회생활이 바쁜 것도 맞고, 경제적으로 풍요하게 해준 것도 그렇고, 가족을 위한 것도 맞습니다. 그런데 듣는 자녀에게 부담이 되고 부담을 넘어 반감이 된다면 표현을 바꿔야 합니다. 그 의도가 무엇이고, 그 말이 사실인 것과는 별개로 자녀와의 관계에 부정적인 영향을 미치기 때문에 조심해야 합니다.

1) 바빠서 못 해주는 거야

독일로 이민간 분이 독일은 아빠가 엄마보다 아이들과 더 잘 놀아주고, 독일 아빠는 참 가정적이라고 합니다. 그러면서 이런 현상에 대한 이유로 독일과 한국의 노동시간을 언급합니다. 우리는 OECD국가 중

두 번째로 노동시간이 많다는 것이 주요 이유라고 생각한다는 것입니다. 성격적인 차이에 의한 것은 아닐 거라고도 했습니다. 그런데 실제 상담을 해보면 오히려 다른 이유로 자녀와 관계를 맺지 못하는 분이 더 많았습니다. 저는 그 이유를 **'본 적이 없고 해보지 못해서'**라고 파악했습니다.

'너무 바빠서, 시간이 없어서'라고 하니 그러면 시간적 여유가 있는 아빠나 전업 주부는 자녀들과 잘 지낼까요? 꼭 그렇지도 않습니다. 시간적 여유가 생긴 아빠는 오히려 다른 이유로 더 바쁜 경우가 많습니다. 청소년 자녀와 지내기보다는 많은 경우 자신의 시간을 가지거나 다른 일을 만들었습니다. 그러면 전업 주부(아빠든 엄마든)라면 자녀와 잘 놀아 줄까요? 이 역시 꼭 그렇지는 않았습니다.

얼마 전 4세 아이를 둔 우울증 주부를 상담한 적이 있습니다. 이 주부의 사정 때문에 4세 아이와 같이 상담을 진행했습니다. 4세 아이를 100분간 데리고 주부를 상담하는 것은 쉽지 않은 일입니다. 그런데 중간에 제가 아이를 20분 정도 혼자 돌보게 되었습니다. 긴 시간일 수도 있는 이 20분간 아이는 엄마를 찾지 않고 저와 즐겁게 놀았습니다. 그리고 내담자에게 아이와 같이 논다는 것이 어떤 것인지에 대한 이야기를 나눴습니다.

"정말 이렇게도 놀 수 있는 거네요." 엄마가 말했습니다.

이 내담자 역시 시간이 없어서 자녀와 즐거운 시간을 보내지 못하는 것이 아니었습니다. 자신의 심리적 문제 때문에 혹은 자녀와 어떻게 시간을 보내야 하는지 몰라서, 그것이 놀이가 되었든 학습이든 대화든 어떻게 해야 좋은지 잘 알지 못했기 때문에 못했던 것입니다.

놀이동산을 가면 아빠는 그늘에서 누워 자거나 스마트폰으로 검색을 하고 유소년 자녀는 알아서(?) 노는 모습을 볼 수 있습니다. 그런데 청소년 자녀와 아빠가 놀이동산에 가서 이처럼 행동했다면 아이는 뭐라고 할까요?

"시간 들여서 돈쓰고 욕먹기."

자녀 양육에 있어 시간은 너무 소중합니다. 시간적 여유가 자녀에게 더 관심을 갖고 더 바람직한 양육에 도움이 될 수 있습니다. 그러나 여유만 탓할 수는 없습니다. 청소년 자녀와 시간이 없어서 같이 지내지 못하는 것이 아닙니다. 본 적도 배운 적도 없으니 안하는 것이 아니라 못하는 것입니다. 먼저 못한다는 것을 인정해야 뭐라도 배울 수 있습니다. '시간이 없어서'라는 핑계를 대면 더 발전할 수 없습니다. 그러니 인정하세요. 몰라서 못하는 거라고.

상담이나 강연 중에 '질적인 양육방법'에 대한 질문을 받기도 합니다. '질적인 양육'은 있습니다만 저는 이 표현을 싫어합니다. 질적인 양육에 대해 이야기 하는 부모가 성취와 결과에 매달리는 경우를 많이 보았기 때문입니다. 또 정서적 돌봄을 외면하고 문제해결적인 경향이 강한 분들도 있습니다.

하루 종일 자녀와 있으면서 부정적인 영향을 미치는 경우도 있습니다. 반대로 사춘기 자녀를 방목하는 것처럼 보여도 자녀와 신뢰를 가지고 필요한 만큼 적절히 같이 가는 바람직한 양육을 하는 분도 많습니다.

그럼에도 질적인 양육을 싫어하는 이유는 있습니다. 저는 '질적인 양육'이라는 표현보다는 '집중력'이라는 표현을 더 많이 합니다. 자녀가 "난 질적인 공부를 할 거야."라고 하거나 사랑하는 사람이 "난 질적으로 사랑하는 거야."라고 한다면 설사 그 말이 맞더라도 듣기 불편할 것입니다. 우리도 "난 질적으로 잘하는 거야."라는 말은 가능한 안하는 것이 좋을 것 같습니다. 대신 비록 적은 시간이지만 자녀와 같이 있는 시간에 좀 더 집중했으면 좋겠습니다. 자율학습이 끝나고 집으로 오는 10분의 시간을 자녀에게 집중하는 것도 저의 경험으로 보면 자녀에게는 큰 기쁨이었습니다. 어쩌다 자녀와 외식을 하는 주말 저녁 단 1시간이라도 집중해서 대화한다면 좋은 추억이 됩니다.

우리는 자녀에게 집중력을 위한 사교육을 시키기도 하고, 또 집중력에 도움이 된다는 약을 먹이기도 합니다. 그러니 우리도 집중력을 위해 조금 노력하고 연습했으면 좋겠습니다. 아이와 같이 오는 10분 동안은 다른 전화는 받지 않고, 밥 먹는 1시간 동안은 자녀의 이야기에 즐겁게 집중해 자녀가 원하는 리액션도 빵빵 해주세요.

2) 이렇게 해주는데 뭐가 불만이냐?

언제부터인지 모르지만 우리 사회는 기승전돈돈이 된 것 같습니다. 무슨 이야기를 해도 마지막에는 돈입니다. 자녀의 꿈, 진로 이야기를 해도 마지막에는 경제적인 면이 나오고 취직, 결혼, 출산도 마지막에는 돈입니다. 당연히 청소년 자녀의 양육과 교육 이야기도 기승전돈입니다.

현석 씨와 인철 씨는 청소년 자녀를 둔 아빠입니다. 한 분은 개인 사업을 하고 한 분은 전문직에 종사합니다. 둘에게는 공통점이 두 가지가 있습니다. 첫 번째는 자녀의 교육비로 1000만 원 이상의 돈을 쓴다는 것이고, 두 번째는 자녀가 아빠를 굉장히 미워한다는 것입니다.

지금 50대 부모는 어린 시절 아빠가 사준 자장면 한 그릇에도 아빠를 좋아하는 마음을 가졌습니다. 그런데 왜 현석 씨와 인철 씨 자녀들은 존경은 고사하고 미워하는 감정이 생겼을까요? 저는 상담을 하면서 그 이유를 매번 깨닫습니다. 옛날에 먹던 자장면에는 아빠의 배려가 있었고 자녀에 대한 존중이 있었습니다. 그런데 1000만 원에는 자녀에 대한 배려도 존중도 없었습니다. 그저 비싼 돈만이 있습니다.

이런 기사도 흔합니다. 한 번 보고 생각해 보세요.

국제구호개발NGO세이브더칠드런과 서울대 사회복지연구소가 16개국을 대상으로 '초등학교 3학년 아동의 행복감 국제 비교연구'를 발표했다. 이 연구에서 한국 아동의 행복감은 물질적인 면에서는 최상위(1위)였지만, 가족과 함께 대화하는 시간(16위), 가족과 함께 놀기(16위), 가족과 함께 공부하기(14위)를 기록했다. 또한 초등학교 3학년에서 중학교 1학년으로 올라갈수록 더 낮은 행복감을 보인다.

내용은 짐작이 가고, 다만 그래서 해결책이 뭔데, 라는 의문이 듭니다. 제가 사회학자도 정치가도 아닌 심리상담가이며 가족을 가장 중시하는 입장이니 해결책은 '부모의 양육태도의 변화이다'라고 말할 수밖에 없습니다. 기사에서도 알 수 있듯이 물질적인 부분이 부족한 것이 아닙니다. 우리는 물질적인 면만을 강조하다 보니 현석 씨와 인철 씨처럼 돈만 쓰고 미움만 받는 아빠가 됩니다.

저 역시 두 아이가 있습니다. 아이들 나이가 어릴 때는 돈보다는 시간이 부족합니다. 아이는 부모의 모든 도움이 필요하기 때문에 돈보다는 시간과 육체적 노동이 들어야 합니다. 그런데 아이들이 사춘기에 들어가면 정말 많은 돈이 필요합니다. 저 역시 경제적인 면도 자녀 양육에 중요하다고 생각합니다. 그러니 돈을 막 쓰는 것이 아니라 잘 써야 합니다. 그리고 돈보다 더 중요한 것이 있다는 것을 알고 써야 합니다. 대화하고, 놀고, 함께 공부하는 정서적 활동이 동반되는 것이 돈보다 더 중요합니다. 이것을 빼고 쓰는 돈은 아무 가치가 없습니다.

3) 누구를 위한 양육일까?

"아빠, 놀아줘."(유소년기)

"아빠, 바쁘다."

"아빠, 얘기해요."(청소년기)

"아빠, 바쁘다."

"애들아, 아빠랑 얘기하자."(성인)

"저희 바빠요."

위의 글은 한 신문의 4컷짜리 만화를 글로 옮겨 적은 것입니다. 아빠가 왜 사춘기 자녀와 소통해야 하는지, 이 소통이 앞으로 아빠에게 어떤 영향을 미칠지 설명할 때 자주 이용합니다.

2016년 한국고용정보원이 '중고령자 은퇴 전후 소득과 삶의 만족도'라는 보고서에 이런 언급이 있었습니다.

> '은퇴한 노인들에게 일어나는 가장 서글픈 일은 건강이나 경제적 문제가 아닌 자녀와의 관계 악화이다.'

우리는 노인이 되면 중요하다고 생각하는 경제력과 건강을 위해 청장년 시기에 많은 대비를 합니다. 각종 보험과 꾸준히 운동도 하고 정기적으로 건강을 체크합니다. 각종 재테크에 관심을 가지고 없는 살림에 투자도 합니다. 마치 미래를 위해 현재를 사는 것 같습니다. 그런데 경제력과 건강을 위해 많은 시간을 투자하듯이 우리는 하나를 더 준비해야 합니다. 노년의 행복을 위해서는 가족에게 시간과 정성을 투자해야 합니다. 마치 저축을 하고 검진을 받듯이 시시때때로 가족관계를 돌아보아야 하는 것입니다.

아빠가 양육에 참여함으로써 의무가 가중되었지만 오히려 가족 내에 존재감을 드러내고 부부관계도 개선되는 효과를 보게 됩니다. 최근 아빠의 양육에 대한 연구에서도 아빠의 양육 참여가 자신에게도 긍정적인 효과를 준다고 합니다.

우리는 자녀의 행복만을 위해 청소년 자녀에게 바람직한 양육을 하려는 것일까요? 우리는 미래에 대한 투자 개념으로 자녀와의 관계를 정립할 필요가 있습니다. 부모의 마음은 순수합니다. 자녀에게 뭘 바라는 것이 아닙니다. 그렇지만 자녀와의 관계를 개선시키는 것은 아빠에게도 너무 중요하고 실질적으로 이득이 많습니다. 자녀와 소중한 사람, 정서를 공감하는 관계가 형성되고, 자녀가 자기주도적인 삶을 산다면 건강이나 경제력보다 앞으로의 우리의 삶에 더 많은 행복을 줄 수 있습니다. 현재의 자녀의 행복이 미래의 나의 행복입니다.

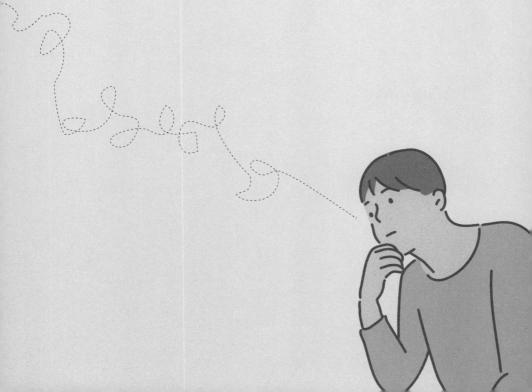

Part 4

외계인과

소통하기

부모교육 강연이 끝나면 참석한 분들 중 이런 말을 하는 사람이 종종 있습니다.

"내가 다 해줬는데, 가장 사소한 것 하나를 못했네요."

"아이 맘 들어주고 위로해 주는 거, 그게 그렇게 중요한지 왜 몰랐을까요?"

그 사소한 것 하나는 '대화(정서적)와 소통'입니다.

'대화'란 넓은 의미로 2명 이상이 주고받는 말입니다. 그런데 사람은 누구나 잠재적인 대립 감정을 가지고 있습니다. 이것은 아무리 사랑하는 사람끼리라도 마찬가지입니다. 대화를 통해서만 이런 대립 감정을 해결할 수 있습니다. 대화가 끊어지면 서로에 대한 반감, 오해가 생기고 증오로 발전할 수 있습니다. 대화는 상호적인 것이어서 일방적이면 안 됩니다. 바람직한 대화의 태도는 긍정적인 대화를 하는 것입니다. 경청하는 태도는 좋은 대화의 방법이며, 대화의 목적은 공감을 하기 위해서입니다. 공감은 '상대방의 감정에 동참한다'라는 의미입니다.

자녀가 아빠와 대화를 거부하는 이유

"아빠하고 무슨 말을 해요."

이런 말을 들으면 섭섭하겠지만, 실제로 더 심한 말을 하는 청소년도 많습니다. 자녀는 왜 어느 순간부터 아빠와 대화하기를 거부할까요?

1) 아빠는 대화를 잘 하지 못한다

수많은 육아책에는 자녀와의 대화의 중요성과 대화법에 대한 내용이 많습니다. 관심이 있는 부모라면 한 번 정도 책을 읽어 보고, 전문가의 말을 들어보았을 것입니다. 그럼에도 불구하고 자녀와의 대화는 항상 어렵습니다. 더구나 사춘기 자녀와의 대화는 더 어렵습니다. 특히 아빠에게 사춘기 자녀와 대화를 하는 것은 외계인과 소통을 하는 것만큼 어려운 과제일 것입니다. 상담을 하면서 왜 아빠는 사춘기 자녀와 대화를 어려워할까 하는 의문이 있었습니다.

가장 큰 이유는 본인이 대화를 잘 하지 못한다는 것을 알지 못하기 때문이었습니다. 학생이 수학 공부를 잘한다고 생각한다면 당연히 수학공부를 등한시하게 됩니다. 그런데 반대로 수학을 못해 원하는 대학에 못 가게 생겼다면 학생의 태도는 달라질 것입니다. 지금의 아빠가 그렇습니다. 스스로 대화를 잘하고 충분히 하고 있다고 생각하기 때문에 어떤 노력도 하지 않고 다른 방법을 찾지도 않는 것입니다.

"내가 대화를 잘 못하고 충분하지도 않구나. 배우고 연습해야지."

이런 마음을 먹는 것이 사춘기 자녀와 신뢰를 쌓는 시작입니다.

실제로 상담해 보면 아빠는 자신이 평균정도로 자녀와 대화를 하고 있으며 평균 이상으로 잘하고 있다고 예외 없이 말합니다. 문제는 자녀는 반대로 느끼고 있다는 것입니다. 그럼 아빠는 왜 대화를 잘하지 못하는 것일까요?

첫째로, 아빠는 가족과 소소한 정서적 대화를 경험하고 배운 적이 없기 때문입니다. 사춘기 자녀와 대화를 못하는 아빠의 원가정 이야기를 들어보면 대체로 마치 우리집 이야기를 듣는 것처럼 비슷합니다. 가부장적인 아버지와 순종적인 엄마, 어려운 경제적 상황, 항상 바빴던 부모, 가끔은 공부를 위해 친척집을 전전하기도 합니다. 이런 비슷한 가족사를 가진 아빠는 가족과 소소하게 감정적인 이야기를 하거나 일상의 이야기를 대화로 풀어가는 것을 본 적도 배운 적도 없습니다. 당연히 중요하다고 느끼지도 못하며 하려고 하지도 않습니다.

두 번째, 아빠는 문제의 해결에 관심이 있거나 결과에만 관심을 가집니다. 오래 전 상담을 처음 시작할 때만 해도 저 역시 아빠는 대화를 잘할 것이라고 생각했습니다. 사회적 경험이 많고 지금 이 순간에도 수많은 사람과 만나서 대화를 하고 있기 때문입니다. 그런데 상담을 하면서 이런 생각은 금방 깨졌습니다. 아빠들은 그저 '화가 난 곰' 같습니다. 아빠가 사회에서 하는 대화의 대부분은 업무적인 것과 사회적인 것에 불과했습니다.

"오늘 할 일이 뭐지?"

"그럼 그거 어떻게 해야 해."

이런 말은 사회적이며 해결지향적입니다. 이런 대화는 문제 해결에 국한되거나 피상적인 대화일 가능성이 많습니다. 실제 상담을 하면 아빠와의 대화가 어려운 경우가 꽤 있습니다. 아이가 우울증이라면 무슨 약을 먹어야 하나, 아니면 어떻게 해야 해결할 수 있냐에만 관심이 있습니다. 자녀와의 대화가 앞으로 몇 년이 걸릴지 모른다고 하면 표정부터 어두워집니다. 제일 많이 하는 말이 있습니다.

"그래서 어떻게 하면 돼요?"

세 번째로, 누구나 불편한 이야기를 듣는 것을 피하고 싶고 꺼려하기 때문입니다. 만약 아빠가 심리적 상처가 있다면 더 심할 것입니다. 그러나 심리적 상처가 없다고 하더라도 사춘기 자녀가 하는 일상의 어려움, 고민 등을 듣고 같이 고민하는 과정은 누구에게나 부담스러운 일입니다. 그러니 자연스럽게 외면하거나 피하고 싶습니다. 그래서 엄마(아내)가 해결해 주기를 바랍니다. 더군다나 피곤하고 지쳐있다면 바람직한 대화를 하기 어렵습니다.

2) 자녀가 원하는 대화, 아빠가 원하는 대화가 다르다

자녀가 아빠와 대화를 피하는 두 번째 큰 이유는 자녀와 아빠가 원하는 것, 대화로 바라보는 곳이 다르기 때문입니다. 아빠는 자녀와 대화를 하면서 자녀의 문제를 해결해 주려 하고, 인생의 도움이 되는 가치관을 설명해 주고 싶어합니다. 이것 역시 자녀가 원하는 대화이기도 합니다. 그런데 이런 부분은 사실 대화의 일부분에 국한됩니다. 더군다나 신뢰 관계가 형성된 후에야 비로소 할 수 있는 대화 주제입니다.

(1) 자녀는 정서를 풀기 위해 부모에게 이야기 한다

부모가 사춘기 자녀와 대화하는 것을 무서워하는 경우가 있습니다. 저도 두 아이와 대화를 하다 보면 이런 감정을 느끼곤 했습니다. 자녀의 입에서 나오는 이야기가 우울하거나 비관적이어서 듣다보면 큰일이라도 난 것 같습니다.

"○○랑 싸웠어. 난 이제 외톨이야."

"도대체 이 학교 선생님들은 다 엉터리야."

"난 대학에 못 갈 것 같아, 아무리 해도 안 되는 아이인가 봐"

자녀는 부모나 친구에게 자신의 감정을 털어 놓기 위해 대화를 합니다. 이것이 대화의 첫째 이유입니다. 그러니 자녀 입에서 나오는 말 중에는 기쁘고 재미있는 내용보다는 털어버리고 싶은 내용이 더 많습니다. 더군다나 사춘기처럼 마음이 오락가락하고 내부의 갈등이 폭발하는 상황에서는 감정의 기복도 크고 내용을 과장하기도 합니다. 그러니 부모 입장에서는 불편하거나 황당하기도 합니다. 그러나 자녀의 이런 대화는 자신을 표현하고 이해받음으로써 소중한 사람에게 사랑받는 정서를 가지게 합니다. 그러니 자녀의 이런 표현을 막아서는 안 됩니다. 자녀에게는 이런 정서적 배출이 되는 대화가 진짜 도움이 됩니다. 그래서 사춘기 자녀와의 대화는 **'대화'라고 쓰고 '공감'이라고 읽어야 합니다.**

생각해 보면 수십 년 전 엄마는 저녁 늦게 들어온 자녀에게 특별한 말을 하지 않았습니다. 그저 웃으면서 들어주고 "괜찮다."라고만 했습니다. 그래도 그 시절 우리는(청소년) 다음날 다시 세상에 나가 부딪힐 힘을 얻었습니다. 너무 심각하게 생각하지 말고 너무 부정적으로 고민하지 말고 사춘기 자녀의 이야기를 들어주세요. 대부분의 자녀는 부정적인 정서를 털면 그 자체만으로도 정서적 안정을 얻습니다.

(2) 자녀는 대화를 통해 긍정적 에너지를 얻기 원한다

"너무 피곤해, 학교 가기 싫다."
사춘기 자녀가 밤에 게임을 하다 늦게 자고 아침에 일어났습니다.

"네가 게임하느라 늦게 자서 그렇잖아."
"일찍 자고 일찍 일어나야 머리가 맑고 공부가 되지."
"그래, 피곤하겠구나. 힘내."

위의 반응들 중에 마지막 반응에 대해서 아빠는 대뜸 이렇게 말합니다.

"아니, 그렇게 반응하면 아이들이 올바르게 클 수 있나요?"

"잘못한 것을 감싸면 버릇이 나빠집니다."

아빠의 말은 맞습니다. 어쩌면 자녀가 게임을 하다 다음날 학교에 가기 싫다고 하는 것은 야단을 치거나 또는 용돈을 줄이는 것과 같은 벌을 주어야 할 행동입니다. 그런데 이런 대화가 필요한 이유는 무엇일까요?

자녀뿐 아니라 그 누구라도 소중한 사람에게서 긍정적인 에너지를 받기를 원합니다. 저 역시 남편에게 긍정적인 말을 듣는 것을 항상 원합니다. 상담에 오는 누구도 대부분 그렇습니다. 소중한 이의 긍정적 반응은 그 자체만으로도 세상 살아가는 데 중요한 에너지가 됩니다. 실수나 잘못한 행동에 대한 비난과 지적 이전에 긍정적인 반응을 받고 싶은 마음이 있습니다. 자녀 역시 자신의 행동이 잘못이라는 것을 압니다.

늦게 일어난 아이는 아마도 학교에서 그에 상응하는 벌을 받을 것입니다. 그리고 아빠에게 긍정적인 반응을 받고 학교에 갔다면 오히려 자신이 지각한 것에 대해 반성했을 것입니다.

(3) 자녀는 자신을 알리기 위해 대화한다

왜 경청이 중요한가에 대한 답은 무엇일까요? 가끔 자녀와 대화를 하는 아빠의 경우 대부분 자신이 많은 이야기를 하는 것을 느낍니다. 아빠는 아주 의미 있는 대화였다고 자평하지만 자녀는 훈계라고 느낍니다. 왜냐하면 사춘기 자녀와의 대화의 목적은 아빠를 이해시키기 위함이 아니라 자녀를 이해하기 위해서이기 때문입니다. 자녀를 이해하기 위해서는 자녀의 이야기를 더 많이 들어야 합니다.

중·고등학교 혹은 대학생인 된 자녀와 지내는 시간은 생각보다 매우 적습니다. 친구와의 관계 진로, 적성 등의 문제를 부모가 전부 알 수는 없습니다. 그런데 비록 짧지만 자녀의 이야기를 들어 보면 아이가 1주일 혹은 지난 1달을 어떻게 생활했는지 알 수 있습니다. 또 어떤 부분을 어려워하는지 파악할 수 있습니다. 들어야 이해할 수 있으니, 경청이 중요한 이유입니다.

또 하나 자녀는 아빠와 같이 성숙하고 소중한 사람에게 자신의 이야기를 하면서 스스로의 정체성과 가치관을 정립합니다. 자신을 표현하면서 스스로를 만들어가는 것입니다. 이것은 다른 사람에게 설명하면서 공부하면 실력이 느는 것과 비슷합니다. 친구와의 관계에서 뭔가 불편한 것이 있지만 혼자 생각하다 보면 그것이 정확히 무언지 모르는 경우가 있습니다. 그러나 말로 표현하다 보면 스스로 깨닫는 경우가 생깁니다.

(4) 말하고 싶은 때, 말하고 싶은 것을 얘기한다

저희 가족은 식사 시간에 먹방을 주로 봅니다. 작은 아이가 좋아해서 시작했는데 식사하는 데 도움이 되고 부담이 없어서 다들 좋아합니다. 식사 시간에 심각하거나 지저분한 방송을 본다면 식사에 방해가 될 것입니다. 이처럼 자녀와의 대화에 '때와 주제'의 선택을 잘해야 본전이 됩니다.

때와 주제는 자녀의 몫입니다. 아빠가 하고 싶은 시간에, 하고 싶은 주제에 대해 즐겁게 대화할 사춘기 자녀는 없습니다. 그런데 자녀의 시간과 주제를 맞추다 보면 아빠가 원하는 시간과 주제에 대해 대화할 기회는 분명히 옵니다. 그리고 자녀가 원하는 장소에서 대화하는 것이 좋습니다. 아빠는 거실이나 아이 방에서 이야기하길 원하지만 아이들은 다른 곳에서 하길 원하는 경우가 많습니다. 저 역시 큰 아이와는 걸어 다니면서, 작은 아이와는 분위기 있는 카페에서 주로 대화를 했습니다.

만약 중간고사 기간에 자녀가 이성이나 친구 문제로 이야기를 하려한다면 아빠는 어떤 반응을 보일까요? 대부분의 경우 "일단 중간고사에 집중하자."라며 자녀의 입을 막으려 할 것입니다. 그러나 막상 자녀와 이야기를 해보면 대개는 30분 정도 들어주면 끝이 날 문제입니다. 그 30분이 과연 시험성적에 영향을 미칠까요? 결국 아빠는 자신이 하고 싶은 주제의 대화만을 고집하고 있는 것일지 모릅니다.

3) 대화를 통해 얻고자 하는 것은 신뢰다

왜 이런 정서적인 대화를 해야 하는지 아빠는 궁금합니다. 상담을 해보면 그 이유는 너무나 명확히 들어납니다.

'신뢰'

자녀가 자기 의사표현이 가능해지면 부모와 수없이 많은 대화를 하게 됩니다. 그 과정에 자녀가 이루고 얻고자 하는 것과 아빠가 이루려는 것과는 차이가 있습니다. 진로, 적성에 대한 대화를 하다보면 부모는 좋은 대학에 가는 비법에만 관심이 있지만 자녀는 자신이 스스로 만족할 수 있는 학습을 하기를 원합니다. 부모는 당장에 필요한 직업과 현실적인 과제에 매몰되지만 자녀는 꿈과 이상에 좀 더 관심이 있습니다. 이런 차이는 대화에서도 그대로 나타납니다. 자녀는 자신의 정서를 이해받고 위로 받기를 원할 뿐 아니라 자신의 꿈을 지지하고 격려해주기를 바랍니다. 그런데 부모는 현실적인 문제를 해결하거나 자녀가 성과를 얻기를 더 바랍니다. 그러니 대화를 하다보면 서로 말문이 막히게 됩니다.

자녀가 부모와 이런 대화를 원하는 이유는 자신을 지지해주는 관계, 즉 신뢰가 있는 어른을 갖고 싶어하기 때문입니다. 사춘기 자녀와 아빠가 대화를 해야 하는 중요한 이유가 이것입니다.

자녀가 아빠에게 신뢰를 가지게 되면 어떻게 될까요? 아빠처럼 든든하고 믿음직한 어른이 자신을 지지해준다고 느끼는 것만으로도 자녀의 자존감은 튼튼해집니다. 반대로 생각해 보면 쉽습니다. 상담에 오는 내담자는 부모처럼 소중한 사람이 자신을 믿어주지 않는다고 합니다. 그럼 자신감이 생길 수 있을까요? 너무 불안하고 두려울 것입니다.

상담에는 사회적 성취를 이루고도 스스로 불행하다고 찾아오는 내담자들이 너무 많습니다. 성취 역시 행복의 중요한 요소임에도 불구하고 이런 현상이 생기는 이유는 소통 없이 성취만을 이루었기 때문입니다. 자녀와 진정한 대화를 통해 자녀의 성취를 이룬다면 성취를 통한 만족과 행복은 자녀와 부모 모두의 몫이 될 것입니다.

외계인과 대화하는 방법

사춘기 자녀와의 대화가 한 순간에 잘 되는 아빠는 없습니다. 또 한 단어, 한 문장으로 자녀의 마음을 사로잡는 기술도 없습니다. 상담에서 그런 기술을 전수(?) 받기를 원하는 아빠도 있지만 그런 한탕(?)주의가 자녀와의 대화를 가로막는 장애물입니다. 상담을 하면서 사춘기 내담자들이 아빠에게 원하는 대화의 방법을 정리해 보았습니다.

1) 표정과 말투가 대화의 반이다

"해봐야 저만 손해죠."

흔히 청소년 자녀에게 왜 부모와 이야기 하고 싶지 않은지 물으면 가장 먼저 나오는 대답입니다. 왜 아이들은 대화해봐야 자신만 손해라고 느낄까요? 그 이유는 '엄마에게는 못하고, 아빠에게는 싫다'입니다.

엄마에게 못하는 이유 중 하나는, 엄마가 자녀의 힘든 이야기를 들으면 자녀보다 더 힘들어하기 때문입니다. 아빠의 경우는 자녀를 못마땅하게 쳐다봅니다. 이럴 때 싫다고 표현합니다. 자녀가 힘든 이야기를 하면 부모도 힘듭니다. 그런데 아이러니 하게도 자녀와 이야기 하는 가장 중요한 목적은 바로 자녀의 어려움을 알기 위해서입니다. 엄마의 경우 자녀의 힘든 이야기를 들으면 자녀보다 더 힘들어하거나 "어떡하니?" 같은 반응을 보입니다. 그러면 자녀는 어차피 도움도 안 되고 엄마에게 걱정을 끼치는 것보다 스스로 해결하거나 참으려고 합니다. 그래서 착한 아이가 탄생하는 경우가 있습니다. 아빠의 경우는 "너 그래서 뭐가 될래."와 같은 표정을 짓습니다. 그래서 자녀는 말해서 기죽을 바에 혼자 해결하려는 마음이 듭니다.

자녀는 부모의 표정과 말투만으로도 대화를 끊어야 한다는 것을 본능적으로 느낍니다. 자녀는 부모의 첫 표정과 말투만으로도 느낌이 온다고 합니다. 부모는 이제 겨우 대화를 시작한 것 같은데 자녀가 갑자기 말을 멈추고 방으로 들어가겠다고 하니 당황할 수도 있습니다.

2) 리액션은 반찬과 같다. 밥만 먹고 못산다

대화를 하면 상대방의 반응에 따라 대화가 잘 풀리기도 하고 어색해져서 말문이 막히기도 합니다. 자녀와의 대화 역시 마찬가지입니다. 대화를 하는 부모의 태도를 보면 대화를 하고 싶은 생각이 사라지게 만드는 경우가 있습니다.

부부가 대화를 할 때도 마찬가지입니다. 아무 반응이 없는 남편과 대화하는 것이 즐거울 아내는 없습니다. 사춘기 자녀와의 대화 역시 자녀는 아빠가 긍정적인 반응을 하기를 기대합니다. 뒤에 언급하는 '객관성을 확보해라'와 모순됩니다만, 긍정적 반응이 객관성보다 중요합니다.

먼저 리액션 자체가 적은 아빠가 많습니다. 이 부분은 연습하지 않으면 쉽게 하지 못합니다. 가끔 자녀가 "아빠, 듣고는 있어?"라고 말한다면 꾸준히 리액션에 대한 연습이 필요합니다.

자녀의 감정에 공감하는 것이 가장 기본적인 리액션이자 자녀가 원하는 긍정적 반응입니다. 자녀가 슬프다고 하면 슬픈 것이며, 억울하다고 하면 억울한 것입니다. 너무 재미있다고 하면 또 그렇습니다. 감정은 개인이 느끼는 것이며, 자녀는 자신이 느낀 것에 대한 공감이 필요할 뿐입니다. 여기서 아빠가 가장 많이 하는 실수가 있습니다. 감정의 옳고 그름을 따지는 것입니다. 감정이 바람직한지 아닌지는 정말 개인적인 것입니다. 검정색 옷을 가장 섹시하게 느끼는 사람도 있으며 그 반대인 사람도 있습니다. 옳고 그름의 문제가 아닙니다. 그러니 이성적으로 판단하지 마세요.

또 하나는 그 감정이 도움이 되는지 아닌지를 따집니다. 당장 슬프다고 하는 자녀에게 내일 시험이 더 중요하다고 말하는 경우입니다. 물론 아빠는 "그렇지만 그 감정을 이겨내고 내일의 시험을 준비해야지요. 그래야 아이에게 도움이 되지 않습니까?"라고 말합니다. 옳은 말입니다. 그런데 그 옳은 말을 해야 할 시간, 즉 타이밍이 문제입니다.

상담에서는 병적인 심리상태를 가진 이들이기에 자신의 감정 상태에서 쉽게 벗어나지 못하는 경우가 흔합니다. 그러나 여러분의 자녀는 감정에 충분히 공감해 주면 부모가 바라는 것 이상으로 바람직한 모습으로 돌아갈 것입니다. 그러니 서두르지 마세요.

3) 먼저 신뢰를 보여라

고등학교 다니는 아이는 한 달간의 공부 계획표를 짰습니다. 그리고 계획대로 독서실에서 공부를 했습니다. 저녁 6시까지 공부하는 계획이었지만 오늘은 열심히 한 덕분인지 4시에 계획했던 공부가 끝났습니다. 그래서 오랜만에 집에 가서 하고 싶은 것도 하고 쉬고 싶은 마음에 기쁘게 집으로 왔습니다.

"어, 너 왜 이렇게 일찍 왔니?"

"어, 오늘 분량 다했어, 좀 쉬려고."

"아니, 그럼 계획을 좀 타이트하게 하던가, 다른 공부를 더 하고 와야지."

아이는 짜증이 났습니다. 그리고 시간이 지나 어느 날 또 그날 계획을 끝내자 이번에는 집으로 가지 않고 독서실에서 잠을 자고 인터넷을 보며 놀다가 갔습니다. 약간의 죄책감은 있었지만 그 죄책감은 집에 가자 없어졌습니다.

"오늘은 제대로 하고 왔네."라고 말하는 부모님 때문입니다.

그리고 시간이 지나 아이가 슬럼프에 빠지자 아이는 집으로 가지 않았습니다. 물론 부모님에게 말하지 않았습니다. 독서실에서 쉬고 놀 수 있으니 여기서 시간을 죽이고 가면 된다고 생각하게 되었습니다.

자녀에게 무조건적인 신뢰를 보이는 것은 쉽지 않습니다. 자녀의 말을 그대로 믿는 것 역시 쉽지 않습니다. 그러나 사람 사이에 '신뢰'라는 것은 매우 중요합니다. 더군다나 소중한 사람의 신뢰는 역경을 이겨낼 수 있게 해주는 에너지와 같습니다.

부모의 눈에는 자녀의 약간의 거짓말, 나태함 그리고 어리석음이 잘 보일 것입니다. 그러나 그럼에도 불구하고 부모가 자녀에게 보여주는 신뢰는 자녀의 정서를 강하고 단단하게 만듭니다. 사춘기 자녀와의 대화는 신뢰를 위한 것입니다. **청소년 양육에서 가장 무서운 것은 자녀의 드러난 잘못이 아니라 자녀가 숨기는 것에 있습니다.**

4) 자녀와의 대화를 기억해라

매일 상담에 오는 내담자야 자신과의 대화를 기억하는 저에게 감동을 받지 않지만 오랫만에 오는 내담자는 가끔 감탄을 합니다. 몇 개월 전에 이야기한 내용을 자기보다 더 정확하게 기억하고 상기시켜주는 저의 상담방법 때문입니다. 그 많은 내담자의 모든 일을 다 기억하는 것일까요? 저는 매일 저녁이나 다음 날 상담 전에 내담자의 기록을 검토하는 시간을 갖습니다.

상대방과의 대화를 기억하는 것은 상대방의 신뢰를 얻는 행동입니다. 특히 소중한 사람이 나를 기억해 주고 고민해 주었다는 것은 소중한 선물과 같습니다.

이렇게 조언을 하면 "자녀의 이야기를 어떻게 매번 다 기억할 수 있어요? 살기 바쁜데."라고 하는 분도 있습니다. 그런데 우리는 자녀와 그렇게 많은 대화를 하지도 않습니다. 지금 당장 지난 몇 년간 자녀가 한 말을 얼마나 기억하는지 돌아보세요. 너무 많아서 기억 못할 정도는 아닙니다. 오히려 자녀의 푸념이 더 이해가 갑니다.

"도대체 나에 대해 아는 게 없어요. 뭘 말해도 기억하는 게 없죠."

자녀가 친구 문제로 고민을 이야기 하거나 혹은 이성에 대한 고민을 이야기 했다면 그 이야기는 오랜 시간 지속됩니다. 친구와의 우정과 이성에 대한 관심과 궁금증은 사춘기 내내 반복되며 아빠와 자녀가 심심치 않게 토론할 수 있는 주제입니다.

"○○이가 저번에 너한테 삐졌었는데 지금은 괜찮아?"
"○○이는 자주 그래. 화해했어. 내가 뭐라고 좀 했어."
"네가 좋아하는 타입은 저 타입이 아니잖아?"
"어, 기억하네, 그냥 보기 좋다는 거지."

이렇게 대화가 풀리면 자녀의 마음은 녹아내립니다. 자녀의 말을 기억해 주는 것이 그리 어려운 것도 아닌데, 그 효율은 대단합니다.

5) 딸은 더 민감하다

여학생은 정서적 대화에 더 민감합니다. 남학생의 경우 "신경 안써요."라고도 하지만 여학생은 "어떻게 그럴 수가 있어요?"라며 부모의 말에 더 민감하게 반응합니다. 각 경우마다 대처방법의 차이가 있기 때문에 하나의 규칙을 정할 수는 없지만 아주 간단한 방법이 있습니다. 딸의 말을 그대로 따라하는 것입니다.

"아, 오늘 너무 힘들었어."

"많이 힘들었지."

"진짜 우리 선생님 엉터리야."

"맞아. 엉터리 선생님이 많아."

"도대체 이런 문제는 너무 한 거 아니야?"

"그래, 이런 문제를 어떻게 낼 수 있냐."

아빠는 자녀가 힘들다고 하면 "뭐가 힘든데?"라고 할 것이며, 또 "선생님이 왜 엉터린데?"라고 할 것입니다. 그런데 딸은 문제를 해결하거나 이유를 객관적으로 검증하기를 원하는 것이 아닙니다. 그저 지금 자신의 감정에 공감할 수 있는 사람, 그중에도 소중한 사람이 공감해 주기를 원하는 것뿐입니다. 딸이 아니라도 정서에 민감한 자녀에게 특별한 대답을 하기보다는 자녀의 말을 그저 따라하는 것도 좋은 방법입니다.

딸의 친구문제

상담에서 만나는 사춘기 내담자의 친구에 대한 이야기는 여학생과 남학생이 차이가 있습니다. 중학교만 가도 여학생은 인싸(인사이드, 활발하고 외향적인)와 앗싸(아웃사이드, 내향적인)를 구분하고 자신이 속한 그룹을 정하며, 또 그중에서도 자신의 '짝'을 정하려는 경향이 강합니다. 더구나 '짝'에 대한 기대가 부모가 생각하는 것보다 강하다 보니 '배신당

했다', '끝이다' 같은 표현을 자주 씁니다. 그 상황에 따른 심리적 고통으로 생각보다 더 과격한 표현을 합니다. 이런 '짝'에 대한 기대는 동성뿐 아니라 이성에게도 마찬가지입니다. 이런 성향이 보통의 사춘기 여학생의 보편적인 문화인지는 모르겠지만 심리적 증세가 있는 내담자들에게는 보편적으로 보여집니다.

아빠는 이런 딸을 이해하기 힘들며 중요하지 않다고 생각할 수도 있습니다. 그러나 만약 이런 이야기를 호소할 정도라면 분명 딸의 마음에 상처가 있는 것입니다. 절대로 가볍게 듣지 말고 이전보다 더 많은 관심과 위로, 사랑이 필요한 시점이라고 생각하십시오.

6) 객관성을 확보해라

정서적 소통을 하다보면 자녀의 입장에만 따라가는 경우도 있습니다. 그런데 감정은 자녀의 감정을 따라가야 하지만 다른 부분은 객관성을 일정하게 유지해야 합니다. 이것은 '정서에 공감하자'는 것과 상충되는 면도 있습니다. 그러나 정서를 공감하는 것과 객관성을 갖는 것은 다른 문제입니다. 만약 자녀가 시험 전날 공부를 하지 않아서 성적이 떨어졌습니다.

"나 오늘 시험 망쳤어, 죽고 싶어."

"괜찮아, 마음 많이 아프지."

이 말은 공감을 하는 정서적 대화입니다. 그러나 "시험 망친 것은 재수가 없어서야."라고 한다면 이것은 객관적이지 않습니다. 아이의 성적이 떨어진 것은 명백히 공부를 안해서이기 때문입니다.

"어제 1시간 공부한 것으로 100점이 나온다면 그게 더 이상하지."라고 하는 것은 공부 시간에 대한 객관성을 확보하는 것입니다. 물론 이 말이 자녀에게 지적으로 들릴 수 있습니다. 그러나 정서적 공감을 충분히 한 후에(물론 갈등이 있을 수 있지만) 이렇게 말한다면 오히려 아빠에게 신뢰를 가질 수 있습니다.

공감해야 하지만 그렇다고 거짓을 사실이라고 하면 안됩니다. 처음이야 달콤한 말이 위로가 되겠지만 시간이 갈수록 신뢰를 떨어뜨립니다. 정서적 대화와 객관성을 갖는 대화의 조화는 쉽지 않은 문제입니다.

대화에 순서가 있다면 정서적 공감이 충분히 이루어진 후에 객관적인 이야기를 하는 것이 좋습니다. 단 객관적인 이야기를 하기 위해 서두르면 안 됩니다.

대체로 아빠는 비교적 논리적인 대화를 합니다. 물론 버럭 화만 내는 아빠도 있습니다만 엄마보다 더 객관적일 수 있습니다. 이 부분이 사실 아빠에게는 큰 장점이자 자녀가 매력을 느낄 수 있는 부분입니다. 반대로 감정적이며 비논리적인 대화를 하는 아빠라면 대화하기 싫은 최악의 아빠가 될 가능성이 높습니다.

7) '미안하다'는 말의 의미를 알자

우리는 일상에서 '미안하다'는 말을 쉽게 하지 않으려 합니다. 가벼운 접촉사고가 나도 '목소리 큰 놈이 이긴다'고 할 정도로 우리는 사과보다는 내가 잘했다고 우기는 것에 익숙합니다. 이런 사회적 가치관 때문인지 부모가 자녀에게 사과하는 법은 거의 없습니다. 부모는 자녀에게 미안하다고 말하는 것에 대단히 어색해합니다.

한 청소년 내담자가 우울증 증세가 심해졌고 그래서 집에 다른 손님이 찾아오는 것을 매우 불편해 했습니다. 그런데 어쩔 수 없는 사정으로 엄마가 없는 시간에 친척이 집에 와서 물건을 가져가야 하는 상황이 생겼습니다. 혼자 있었던 내담자는 싫지만 친척과 만나야 했습니다. 자녀는 엄마의 사정을 이해했지만 화가 났습니다.

내담자는 왜 화가 났을까요? 엄마가 미리 양해를 구하지 않았기 때문입니다. 양해를 구하고 "미안해."라고 말했다면 내담자가 그렇게 화가 나지 않았을 것입니다.

이처럼 사소하지만 자녀에게 실례를 하는 경우는 많습니다. 가족이기에 충분히 양해할 수 있는 일이라도 가볍게 "미안해."라는 표현을 함으로써 자녀가 존중받고 있다는 것을 느끼게 하는 것이 바람직합니다.

그리고 자녀와의 관계가 원활하지 못하다면 자녀에게 하는 "미안해."라는 말에 다른 의미가 있다는 것을 알아야 합니다. '미안해'라는 말이 '내가 잘못했다'는 의미는 아닙니다. 잘못을 따질 만큼 큰 문제가 아닌 경우가 더 많습니다. 그럼에도 자녀에게 "미안해."라고 하는 것은 마음이 불안한 자녀에게 위안이 되기 때문입니다. 가끔은 그 말이 "사랑한다."라고 들리기도 하고, '아직 부모님이 나에게 관심이 많구나'라고 느끼기도 하는 것 같습니다.

8) 바쁜 아빠의 대안은 '존중'

한 달 전에 자녀가 친구 문제를 이야기를 했습니다. 그리고 오늘 다시 똑같은 친구와의 문제를 꺼냈는데 만약 아빠가 아무런 대안을 가지고 있지 않다면 아마도 자녀는 아빠를 그리 신뢰하지 못할 것입니다. 이 대안이 최선인지 아닌지는 중요하지 않습니다. 대안을 제시한다는 것은 자녀 입장에서 아빠가 한 달 전에 이야기 한 것을 기억할 뿐 아니라 같이 고민을 해주었다는 것입니다. 아빠에게 존중 받았다고 느끼는 것입니다.

사춘기 자녀는 조금 시간이 지나면 동등한 성인으로 부모 앞에 서 있을 것입니다. 그러기 위해서 가장 필요한 것은 부모의 '존중'입니다. 상담을 하다보면 자녀를 위해 많은 것을 해주었지만 그 '존중' 하나가 부족해서 자녀가 스스로 서지 못하거나 부모와의 관계가 바람직하지 못한 방향으로 흘러가는 경우가 많았습니다.

아빠가 생각한 대안이 가장 좋을 필요도, 가장 이익이 될 필요도 없습니다. 사실 대부분의 문제는 사춘기 자녀가 스스로 생각해서 결정했을 가능성이 더 많습니다. 아빠와 의견이 달라도 문제가 되지 않습니다. 서로의 의견 차이는 서로를 더 성숙하게 만드는 과정입니다. '존중'만 있다면.

9) 물러설 줄 알아야 한다

사춘기 자녀와 대화를 하면서 아빠가 가장 흔히 하는 실수이자 가장 하기 어려운 것이 있습니다. 바로 '져주는 것'입니다.

아무리 노력해도 자녀를 다 이해할 수는 없습니다. 당연히 서로간의 차이는 있으며 아빠 입장에서 어처구니없을 수도 있습니다. 더군다나 자녀가 민감해져 있는 시기에는 더 그렇습니다. 아빠는 대화를 하면서 바람직한 방향으로 결론이 나기를 희망합니다. 그러나 생각과 다르게 자녀는 잘못된 결정을 하기도 합니다. 그런데 이 역시 바람직한 과정이라는 것입니다.

가끔 카페에서 공부하기를 원하는 자녀가 있습니다. 카페에서 친구와 열심히 공부하겠다는 자녀의 말은 불가능에 가까워 보입니다. 부모는 경험적으로 알 수 있습니다. 그런데 자녀가 꼭 하고 싶어한다면 결국 자녀의 말을 존중해줘야 합니다. 화를 내거나 짜증내지 않고 수긍해 주는 것이 좋습니다.

이런 것에 물러서면 자녀에게 나쁜 영향을 줄 거라는 부모도 있습니다. 실제로 이런 질문을 많이 받습니다. 그런데 자녀 양육은 긴 여정이며 서로간의 신뢰가 있다면 자녀가 자신의 역량을 발휘하는 시기가 반드시 온다는 것을 믿어야 합니다. 경험을 통해 앞으로의 자녀는 바람직한 결정을 더 많이 하게 됩니다.

10) 자녀의 태도에 둔감해라

내담자 부모가 자녀와 대화를 하려다가 자녀의 태도 때문에 '욱'하고 화를 내고는 저에게 문자를 합니다. 태도와 말투가 건방지고 예의 없는데 이런 것조차 참아야 하는지 저에게 하소연합니다. 내담자가 아니라도 평범한 사춘기 자녀의 말투가 조금 극단적이거나 불손하게 들리는 경우는 흔합니다. 지금 세대뿐 아니라 어느 세대든 그랬을 것입니다.

이런 자녀의 말투와 행동에 너무 민감해 하지 않는 것이 좋습니다. 이런 태도에 아빠가 지적하거나 훈계를 시작하면 더 이상의 대화가 불가능합니다. 특히 심리적 상처가 있는 경우는 더 그렇습니다.

강조하자면, 자녀가 자신의 주장을 강하게(?) 이야기하는 것은 예의가 없는 것과는 다릅니다. 가끔 부모 의견에 반하는 주장을 하는 경우에 불손하다고 치부하는 것은 오히려 부모의 태도가 문제입니다. 자녀의 의견에 존중을 표하는 것은 대화의 기초가 됩니다.

대화시 피해야 할 말

사춘기 자녀와 대화시 주의 사항도 많습니다. 그런데 저는 이 부분에 대해서는 많이 강조하지 않을 것입니다. 그 이유는 "뭘 하지마라."고 해도 대부분의 부모는 쉽게 지키지 못하기 때문입니다. 차라리 "뭘 해라."를 기억하는 것이 더 도움이 됩니다. 그래도 간단하게 피해야 하는 대화 방법에 대해 이야기 해보도록 하겠습니다.

일단 아빠가 감정을 조절하기 힘들 때는 대화를 미루는 것이 좋습니다. 이런 경우 대부분 실수가 나오기 마련입니다. 실수를 반복하면 대화는 끝이 납니다. 술 먹고 대화하는 경우, 자녀에게 화가 나있을 때, 너무 피곤한 상태로 대화하는 경우가 그렇습니다. 이런 경우 "○○아, 아빠가 피곤해서 그래. 우리 다음 언제 다시 하자."라고 미루는 것이 현명합니다. 물론 반드시 약속을 지켜야 합니다. 그리고 자녀가 민감하게 생각하는 주제에 대해 쉽게 표현하면 안 됩니다. 예로 친구에 대한 문제, 이성, 몸무게, 자녀의 꿈(아주 사소한 것이라도) 등이 있습니다. 가끔 고전적인 성 역할을 중시하는 이야기도 자녀(딸)에게는 상처가 됩니다. 사소하지만 자녀의 자존감에 상처를 주는 말입니다.

비교하는 대화도 피해야 합니다. 자녀의 친구 혹은 형제와 비교하는 대화는 실패할 가능성 100%입니다. 그러나 대화를 하다보면 기준이 있어야 하기에 비교하는 말을 하기 쉽습니다. 가능하다면 자녀 스스로와 비교하십시오. "○○는 몇 시간 공부한다는데 넌 뭐니?"를 "너 저번 시험 때는 지금보다 열심히 하더니 이번에 아니네."로 바꾸는 것이 더 현명합니다.

식사 때 하는 잔소리와 교훈적 이야기는 대화가 아닙니다. 우리는 잔소리, 교훈적 이야기를 대화라고 오해하는 경우가 있습니다. 서로 주고받지 않으면 무조건 대화가 아닙니다. 아무리 좋은 명언도 소통보다 못하다는 것을 명심하십시오. 그리고 식사시간은 자녀에게는 놀고 쉬는 시간입니다. 그러니 대화 내용에 더 신경 쓰는 것이 좋습니다.

대화에서 가장 좋지 못한 말투는 부정적인 단어의 빈번한 사용입니다. 부정적 말투와 비슷하게 지시적, 업무적 말투 역시 대화에 부정적인 영향을 미칩니다. 부정적 말투와 표현은 대화뿐 아니라 양육의 가장 큰 적입니다. 그럼에도 이 책에서 부정적인 말과 행동에 대해 크게 언급하지 않은 이유는 이런 언급과 조언이 부모에게 큰 도움이 되지 않아서입니다. 차라리 자신을 다시 한 번 돌아보거나 긍정적인 말을 연습하는 것이 더 도움이 됩니다.

부정적인 말투는 아니지만 "네가 예민해서", "생리 중이라 그래." 등과 같이 자녀에게 문제가 있다는 말투도 역시 대화를 끊어지게 하는 이유 중 하나입니다. 설사 그 이유가 타당하더라도 특히 대화 초반에는 절대 금물입니다.

"아빠가 다 해줄게."와 같은 대화도 바람직하지 않습니다. 아빠는 다 해줄 수도 없으며 이런 말에 자녀가 믿음을 가지게 되면 자녀는 '결정 장애' 같은 모습을 보이게 됩니다. 특히 사춘기 자녀는 스스로 무언가를 이루어 나가면서 스스로가 가치 있다는 것을 증명함으로써 자존감을 고취시켜야 합니다. 그런데 아빠가 다해주겠다는 것은 결국 자녀의 자존감을 떨어지게 할 뿐 아니라 스스로 해보려는 의지마저 죽이게 됩니다.

"해봐, 아빠가 뒤에 있을게." 정도의 말이 좋습니다. 자녀에게는 스스로 해볼 수 있는 기회와 용기를 주고 아빠와 함께 한다는 신뢰도 줄 수 있습니다. 이 정도의 표현은 "내가 네편이다."라는 의미로 다가갈 수 있으면서 자녀가 스스로 해볼 용기를 낼 수 있게 합니다.

대화하기 전에

1. 대화를 하기 전에 거울로 내 표정을 보자. 웃는 표정을 연습하는 것은 좋은 대화의 기술이다.
2. 부정적인 말투가 고치기 힘들다고 느끼면 긍정적인 말 몇 가지를 반복 연습해라. 마음에 들지 않는 대화가 되면 연습한 긍정적인 말

을 반복하는 것이 차선이다.

3. 만약 자녀의 첫 이야기가 너무 황당하거나 당황스러워 표정과 단어 관리가 어렵다고 느껴지면 일단 경청만 하고 "아빠도 좀 생각해 볼게."라고 하며 물러서라.

4. 좋은 조언보다 리액션이 더 중요하다.

5. 자녀마다 원하는 리액션은 다르다. 그걸 안다면 이미 대화는 하고 있는 것이다.

6. 신뢰를 주어야 신뢰가 온다.

7. '미안하다'는 '사랑한다'의 다른 표현인 경우가 많다.

8. 정서의 공감과 객관적인 조언, 이 둘 사이에서 줄타기 하는 것이 사춘기 양육이다.

9. 오늘 뭔가를 해결하려 하지 말자. 기다리면 아이는 다시 다가온다.

10. 자녀의 말을 잘 기억해라. 기억했다는 것만으로도 아이는 감동을 받는다.

11. 자녀의 말투에 상처입지 마라. 이전 언젠가 나도 그랬다.

꿈의 대화

　자녀와 정서적 대화로 신뢰가 형성되면 이제 자녀의 미래에 대한 이야기를 하게 됩니다. 이것은 자녀의 적성과 진로에 대한 이야기이며 미래의 꿈에 대한 이야기입니다.

　꿈에 관한 이야기를 쓰려다 보니 망설이게 됩니다. 꿈에 대한 중요성을 말하는 책도 많고 강연도 너무 흔합니다. 그러나 상담을 하는 제가 쉽게 꿈에 대해 말할 수 없는 이유는, 상담을 하다 보면 '꿈'이라는 단어만 들어도 힘들어하는 분들이 많기 때문입니다. 꿈을 키우라는 말을 들으면 얼굴 표정부터 어두워지는 청소년과 성인도 있습니다. 아예 어느 꿈도 꾸기를 거부하거나 "전 못해요."라고 말하기도 합니다. 그만큼 심리적으로 고통스러워하는 분들이 있습니다. 이것이 이 책의 마지막에 꿈에 대한 이야기를 하는 이유입니다.

　부모들은 자녀와 자녀의 학업, 대학, 진로, 직업 등 위주로 이야기 하

려고 할 것입니다. 중요하지만 그런 대화는 자녀가 정서적으로 안정돼
있고 부모와의 신뢰관계 하에서 비로소 효과가 있습니다. 만약 자녀의
심리가 불안정하고 심리적 상처가 있다면 꿈에 대한 이야기는 좀 미루
는 것이 좋습니다.

　심리상담의 목적은 '행복한 삶'에 있습니다. 행복이라는 단어조차 그
정의가 어렵습니다. 그러니 상담에도 정답은 없습니다. 그럼에도 저는
내담자 한 명 한 명의 행복에 대해 끊임없이 연구하고 대화합니다. 의미
조차 모호한 '행복'의 가장 중요한 요소 하나는 '정서적 안정'입니다. 상
담에서 정서적으로 소통하고 교감, 공감만 해도 내담자 대부분의 경우
어느 정도 심리적 안정을 얻었으며 그전에 비해 행복감을 느꼈습니다.
그럼에도 지속적인 행복감을 위해서 부족한 것이 있었습니다.
　그것은 '성취를 통해 얻는 자존감'입니다. 성취는 좀 더 적극적인 삶을
이야기 합니다. 자신의 가치를 사회에서 실현하고 그 가치를 인정받아 자
신이 의미 있는 존재라고 느끼는 것입니다. 성취에 의한 행복은 '가치 있
는 삶' 혹은 '의미 있는 삶'과 비슷합니다. 개인의 행위와 성취가 가족, 직
장, 사회, 국가로부터 소중하다고 인정받음으로써 자신의 존재가치를 느
끼고 삶의 의미를 부여하는 것입니다.

　상담에서 진로, 적성, 꿈에 관해 내담자 혹은 부모님이 질문했던 것을
대화로 풀어 보겠습니다.

Q. 좋아하는 것을 하면 다 행복한가요?

A. 아닙니다. 그러나 행복해질 가능성이 높습니다. 또 아무리 좋아해도 매번 실패만 하면 행복하다고 느끼기 힘듭니다.

Q. 왜 좋아하는 것을 하면 행복해질 가능성이 높아요?

A. 좋아하는 것을 하면 더 많이 고민하고 더 많이 연구합니다. 더 열정적이며 더 노력하게 됩니다. 당연히 더 잘할 가능성이 높기 때문에 만족을 느끼며 행복할 가능성이 높습니다. 또 싫어하는 것, 의무적인 것과는 다르게 좋아하는 것을 하면 그 과정 자체가 즐거울 가능성이 높습니다. 그래서 반드시 성공해야만 행복하거나 만족감이 생기는 성취와는 다른 것입니다.

Q. 결국 성취가 행복의 한 요소네요?

A. 네 맞습니다. 성취도 행복의 한 요소입니다. 행복을 위해 성취와 관계의 균형을 이루는 것이 행복을 이루는 길입니다.

Q. 그럼 잘되기만 하면 꼭 꿈이 필요한 것은 아닌가요?

A. 아닙니다. 자신이 원하는 것이 10억을 모으는 것이라고 생각해 보세요. 10년간 저축과 재테크를 해서 모은 10억과, 10년간 아무것도 하지 않다가 어느 날 복권으로 10억이 생긴 것과 액수는 같지만 개인이 느끼는 가치가 같을까요? 10억을 모으는 동안 느낀 즐거움, 기쁨을 복권을 통해서도 얻을 수 있을까요?

또 하나는 '내적 동기' 때문입니다. 눈에 보이는 성과(지위, 성적, 돈)보다 순수하게 느끼는 내적 동기(사랑, 열정, 소명의식 등)에 의해 얻어지는 기쁨이 훨씬 큰 경우가 많기 때문입니다. 성과를 이루어 우리가 얻고자 하는 것은 단지 눈에 보이는, 혹은 타인에게 보여 지는 것만이 아닙니다. 스스로 만족하고 행복하게 느끼는 것은 더 중요합니다.

Q. 청소년은 다들 자기 꿈이 있나요?

A. 대부분의 경우 그저 좋아 한다고 느끼는 것은 있지만 그것이 꿈과 진로로 연결되기까지 오랜 시간이 필요합니다. 또 20대가 되어도 자기가 좋아하는 것을 확실히 말하지 못하는 경우도 흔합니다. 그러나 속마음으로는 자신의 꿈이 있는 경우가 더 많습니다. 오히려 표현하지 못하는 경우가 있지요.

Q. 꿈이 없으면 어떻게 되나요?

A. 상담에서 가장 힘든 내담자는 무기력증이 있는 내담자입니다. 무기력의 중요 원인 중에 꿈이 없거나 좌절된 경우가 있습니다. 꿈이 없다고 표현하셨는데 아주 작은 꿈, 아주 작지만 '내가 원하는 것'도 꿈이 됩니다. 그리고 정서적 안정이 되면 누구나 원하는 것이 생깁니다.

Q. 우리 아이가 자기 꿈이 자기 자존심이라고 하던데, 그런가요?

A. 참 재미있는 표현입니다. '꿈이 자존심이다'. 아마 '꿈이 자존감'일

것입니다. 자녀교육에 대해 관심이 있다면 지겹게 듣는 '자존감'입니다. 자존감은 쉽게 표현하면 '내가 남과 다르며 그 자체로 소중하다'라는 정서입니다. 그런데 여기서 왜 꿈이 자존감이 될까요? 꿈은 지금 수능을 보려는 50만 명이 각기 다 다르기 때문입니다. 누구를 따라한 것이 아니니 다 다릅니다. 비슷한 부분도 있지만 그래도 다 다릅니다. 그 다름이 각 개인의 자존감이 되는 것입니다.

Q. 아이가 꿈이 없다고 하면 어떻게 해야 하나요?

A. 먼저 조바심내지 마십시오. 부모의 조바심을 아이는 기가 막히게 알아차립니다. 꿈 혹은 목표가 없이 방황하는 청소년, 생각보다 많습니다. 그런데 가만히 생각해보면 그 방황하는 과정조차도 꿈의 일부입니다.

꿈은 목표이자 과정입니다. 자녀에게 말해 주세요.

"네가 좋아하는 것이 생길 거다. 그리고 언젠가 그 꿈을 향해 힘차게 나갈 것이다. 걱정하지 마라."

Q. 자녀와의 대화가 꿈을 키우는 것에 도움이 되나요?

A. 2006년에 국내 학자 최고의 영예인 국가석학star faculty에 오른 한 석학이 우리나라에서 노벨상이 나오지 않는 이유와 국내에서 가장 아쉬운 것에 대한 이야기를 했습니다.

"스몰토크가 정말 중요합니다. 미국에서는 가볍게 만나 '너 뭘 연구하고 있니?', '이게 문제인데 이래서 잘 안풀린다.' 이런 이야기를 하다 영감을 얻는 것입니다. 그러다 다음 날까지 연구를 같이 하기도 하구요."

뭐 대단한 이유를 말하는 것 같지는 않습니다. 결국 대화를 자유롭게 했다는 것입니다. 그것도 스몰토크를. 폐쇄적이지 않다는 것이지요. 대화, 자녀의 꿈에 가장 중요한 발전 요소입니다. 특히 자신에게 영감을 줄 멘토도 중요하지만 부모와 하는 대화는 매우 중요합니다. 언제나 가볍게 어디서든 할 수 있기 때문입니다. 또 가장 소중한 사람이기 때문입니다.

Q. 전 꿈에 대해 잘 모릅니다. 사회 경험도 적고, 정서적 대화만으로도 충분하지 않을까요?

A. 정서적 대화가 가장 중요합니다. 그러나 자녀가 좋아하는 것에 대한 대화도 두려워 마시고 하십시오. 여러 직업에 대해 몰라도 또 자녀가 이야기하는 미래에 대해 잘 몰라도 너무 걱정하지 말고 같이 이야기 해보세요. 아들이 하는 '롤 게임', 딸이 이야기하는 '네일 아트' 우리는 잘 모릅니다. 모른다고 계속 외면하면 결국 대화가 줄게 됩니다. 그런데 '롤 게임' 계속 듣다 보면 대충 알게 됩니다. 네일 색, 어느 것이 예쁜지 보다 보면 알 수 있습니다. 저 역시 이런 경험이 있습니다. 큰 아이가 연구 과제를 할 때 '브라질 땅콩 효과'라는 말을 했습니다. 물론 뭔지 모릅니다. 그러나 "왜 브라질이야?"라는 첫 질문이 아이와 오랜 시간 대화를 한 첫 시작이 되었습니다.

Q. 주변의 다른 아이들 이야기를 하면 극도로 싫어해요. 도움을 줄려고 나름 이야기 해준 것인데 섭섭해요.

A. 도움을 주려고 하는 부모의 말에 자녀가 극렬하게 반응하는 것은 서로의 신뢰가 부족하기 때문입니다. 주변 친구의 이야기가 아니라 부모님의 본인의 이야기라도 그런 반응을 했을 것입니다. 자녀에게 도움이 되는 이야기가 중요합니다. 그러나 그 시기는 자녀가 원할 때이어야만 효과가 있습니다. 조금만 기다리세요. 서로에게 신뢰가 생기면 그 시기는 꼭 옵니다.

Q. 왜 자녀의 꿈인가요?

A. 인생을 오래 살고 많은 풍파를 이겨낸 부모는 자녀에게 본인이 배우고 느낀, 그래서 가장 '좋다고 느끼는' 것을 강요하게 됩니다. 그런데 왜 부모의 그 '꿈'은 자녀에게 그렇게 매력적이지 못할까요? 먼저 스티브 잡스의 명연설 한 부분을 인용해보겠습니다. 애플의 공동창업자 스티브 잡스는 지난 2005년 미국 스탠퍼드대 졸업식에서 명연설을 남겼습니다. '계속 갈망하라, 계속 우직하게(Stay hungry, Stay foolish)'라는 말로 더욱 유명해진 이 연설에서 잡스는 사회에 첫발을 내딛는 학생들에게 진정으로 자신이 원하고 사랑하는 삶을 살 것을 강조했습니다. 인간에게 주어진 시간은 제한돼 있기 때문에 다른 사람의 삶을 사느라 시간을 허비하지 말고 진짜 되고 싶은 게 무엇인지 들여다보고 실천하라는 것이다.

부모는 '계속 갈망하라, 계속 우직하게'라는 문장만을 자녀에게 강조할 수도 있습니다. 그러나 이 문장이 자녀에게 감동을 주려면 사실 그 아래에 있는 문장이 있어야만 합니다.

'자신이 원하고 사랑하는 삶'

자신이 원하는 꿈을 향해 '계속 갈망하라, 계속 우직하게' 끊임없이 노력하는 것도 굉장히 성공한 삶입니다. 그런데 자신이 원하지도 않는 꿈을 위해 과연 누가 그렇게 계속 노력할 수 있단 말인가요? 스티브 잡스가 말했듯이 '다른 사람'의 삶, 우리나라는 특히 부모가 원하는 삶을 사느라 자녀가 자기 인생을 소비하는 것이 가장 많은 비중을 차지할 것 같습니다.

Q. 부모가 꾸는 꿈으로도 성공할 수 있지 않은가요?

A. 아마 확률적으로는 성공할 가능성이 더 높습니다. 부모가 원하는 꿈을 꾸고 그 꿈을 이룬 많은 성공한 내담자가 있습니다. 그러나 자신의 꿈을 꾸고 부모와 대화를 하는 사람이 상담센터 내담자로 오는 경우는 없습니다. 부모는 자녀가 성공했지만 불행해지는 삶을 원하지는 않을 것입니다. 그러나 자녀의 삶은 '성공했지만 불행한 삶'이며, 이런 내담자가 흔히 하는 말이 "뭔지 모르지만 불편하고 마음이 안정이 안돼요."라는 말입니다. 물론 반드시 꿈 때문만은 아닙니다. 다른 심리적 문제도 충분한 이유가 되지만 자신이 원한 삶이 아닌 경우도 많았습니다.

Q. 그럼 자녀의 꿈을 같이 꾸기 위해서 아빠는 어떻게 해야 할까요?

A. 1장에서 '부모와 자녀의 포지션'에 대해 설명했습니다. 특히나 자녀의 꿈을 같이 꾸고 키우기 위해 아빠는 이 포지션을 잘 지켜야 합니다. 아빠가 앞서나가도 안되지만 너무 뒤에 쳐져도 안됩니다. 마치 파트너 같은 위치지만 자녀가 조금 앞서 갈 수 있게 해주면 좋습니다. 그러다 자녀가 고민하거나 방황하면 같이 고민하고 격려하는 역할을 해야 합니다.

상담에서 만나는 청소년들을 보면 자녀양육에서 유아기보다 사춘기에 아빠의 역할은 더 커지는 것 같습니다. 편견 없이 자녀가 좋아하는 것, 자녀의 꿈에 관심을 가지세요. 아마 거기서부터 같이 꿈꾸는 것이 시작될 것입니다.

Q. 아이의 꿈을 무조건 따라가는 것이 참 어렵네요.

A. 대부분 현실적인 이유라고 합니다. 적당한 경제적 여유, 안정적인 직업에 대한 열망은 부모 세대에게는 가장 중요한 삶의 목표였습니다. 지금도 너무 중요합니다. 저 역시 두 아이를 키웠기에 현실적인 이유가 얼마나 중요한지 잘 알고 있습니다. 그러나 자녀의 꿈을 따라가는 것은 현실적 이유 못지않게 중요합니다. 어떤 성취를 이룰 때 외부적 보상보다 더 중요한 것이 '내재적 열정'이라고 합니다. 쉽게 말하면 스스로가 얼마나 만족하고 행복하고 가치 있다고 느끼는가입니다. 이런 열정은 단지 외부적으로 얻는 경제적 이득이나 사회적 지위보다 더 가치 있습니다. 마치 중간고사를 볼 때 부모가 주는 경제적 이

득(시험을 잘 보면 용돈을 주는 행위)보다 스스로 이루고 싶다는 열망이 단기적, 장기적 관점에서 자녀의 성적을 올리는 가장 중요한 요소인 것과 비슷합니다. 100점을 받으면 5천 원을 주는 것보다 스스로 수학(도형 파트)을 꼭 이해해서 완성해보겠다는 열망이 더 오래 그리고 스스로 만족할 수 있는 것과 비슷합니다.

Q. 왜 아빠가 해야 하는가?

A. 아빠가 정서적 대화가 서툴고 그래서 자녀와의 정서적 소통이 어렵다고 이야기 했습니다. 이제 반대로 아빠가 자녀와 꿈을 같이 꾸고 같이 키워야 하는 이유는 아빠가 더 성취지향적이며 목표 지향적이기 때문입니다.

가끔 사회적으로 성공한 여러 분야의 스타의 이면을 들여다 보면 그 같은 꿈을 꾸고 그 꿈을 같이 키워준 아빠에 대한 이야기가 꽤 있습니다. 수년 전 실리콘밸리의 성공한 젊은 CEO들의 인터뷰 기사에도 공통적으로 언급된 것이 하나 있습니다. 그들은 자신의 꿈을 어린 시절 아빠와 같이 꾸었으며 같이 꿈을 키웠다고 말했습니다. 이처럼 사회적으로 자신의 꿈을 이루어 나가는 데 아빠의 역할이 컸다고 말하는 사람은 쉽게 만날 수 있습니다. 자녀가 정서적 안정만으로도 자신의 꿈을 향해 자기 주도적으로 나가는 경우가 많습니다. 그러나 아빠와 같이 한다면 효과는 상상 이상입니다. 사춘기 자녀에게, 사춘기 시기 아빠와 같이 같은 꿈을 꾸고 같이 꿈을 키우는 것보다 더 큰 유산이 있을까요?

자녀와 꿈에 대한 대화를 하는 것은 사춘기 양육의 피날레라 볼 수 있습니다. 누구나 신뢰하지 않는 사람에게는 자신의 감정을 솔직히 이야기 하지 않습니다. 그리고 자신의 미래와 꿈에 대해 조언을 구하지도 않습니다. 사춘기 자녀의 대화가 정서적 대화로 시작해 신뢰를 쌓아 꿈에 관한 토론으로 끝나게 되는 이유입니다. 자녀는 부모와 꿈에 대한 토론을 통해 스스로 꿈꾸고 키우면서 자기주도적 삶의 모습을 처음으로 그리게 됩니다. 자기 주도적 삶, 결국 스스로 꿈꾸고 키우는 모습이 자기 주도적 삶입니다.

또한 자녀에 대한 존중은 무엇일까요? 자녀의 감정에 공감하고 자녀의 꿈을 지지하는 것입니다. 정서적 안정과 성취(자녀의 꿈)는 행복을 이루는 자전거의 두 바퀴와 같습니다. 자녀가 정서적으로 안정되어 있고 자신이 하고 싶은 것을 능력껏 할 수만 있다면 행복에 가장 가까이 갈 수 있습니다.

사춘기는 기회다

사춘기 자녀와 아빠와의 관계와 양육에 대해 썼지만, 최근에는 자녀 양육에 아빠, 엄마가 따로 있지는 않습니다. 양육은 부모 어느 한 사람이 할 수 있는 일이 아닙니다. 다만 아빠가 좀 더 사춘기 자녀와 데면데면한 면이 강하기 때문에 아빠 위주로 글을 썼습니다.

우리는 가끔 사춘기 또는 사춘기 자녀양육에 대해 잘 알고 있다고 생각하거나 유아기 양육보다 수월하다고 말하기도 합니다. 그러나 사춘기도 사춘기 자녀의 양육도 생각보다 쉽지 않고 잘 알지도 못합니다.

저는 자녀양육을 '자전거 타기'에 자주 비유합니다. 유소년기는 자전거 뒤에 아이를 앉히고 타는 것과 비슷합니다. 아이를 태우고 가는 즐거움이 있으나 혼자 타는 것보다는 힘듭니다. 사춘기는 혼자 자전거를 타는 자녀를 보는 것과 같습니다. 자녀는 부모를 떠나 혼자 또는 친구들과 탑니다. 혼자 탈 때의 두려운 마음도 있지만 부모 입장에서는 대견하고 아이를 태우고 가는 즐거움 못지 않습니다.

자녀가 혼자 자전거를 탈 수 있도록 가르칠 때 가장 중요한 것은 무엇일까요? 균형을 잡는 것도 중요하고, 안전모를 쓰는 것도 중요하며, 다른 사람에게 방해가 되지 않게 자전거 예절을 익히는 것도 중요합니다. 브레이크 잡는 방법을 배워야 하며, 페달을 힘차게 구르는 법도 배워야 합니다. 균형을 잡는 방법은 설명하기 어려운 부분이기도 합니다. 저는 그중에서도 가장 중요한 것이 즐겁게 타는 법을 아는 것이라고 생각합니다. 자전거를 타면 행복해야 합니다. 다리가 뻐근해도, 갈 길이 멀어도 즐거운 마음으로 타는 것이 가장 중요합니다. 자전거의 즐거움을 알게 하려면 두 가지가 필요합니다. 첫째는 자전거에 대한 두려움을 갖지 않는 것, 둘째는 타면서 즐거운 추억을 만들어 주는 것입니다.

우리의 양육이 자전거를 타는 다양한 기술 또는 지나친 안전에만 집착하고 있는지 한 번 생각해 보면 좋겠습니다. 아무리 비싼 첨단 기능의 자전거라도 타면서 행복하지 않다면 그 자전거는 곧 창고에 방치될 것입니다. 자전거를 타면 어디로 갈 건지, 언제 갈 건지, 누구와 탈 건지는 자전거를 타는 사람이 정하는 것이 순리가 아닐까요?

사춘기 자녀에게 많은 시간과 노력을 기울이는 것은 단지 자녀만을 위한 것은 아닙니다. 한동안 대화조차 없던 부부가 자녀 상담을 통해 속에 있던 이야기를 하게 되고 서로의 다른 모습을 보며 오랜 시간 이해 못 했던 서로를 이해하기도 합니다. 자녀양육은 내가 성숙해지는 시간이며 나에게 소중한 사람을 만드는 기간입니다.

얼마 전 대학동기들 앞에서 '50대를 위한 행복한 삶'이란 주제로 강연을 했습니다. 이제 50을 넘은 중년들이 만나 새삼 세월이 흘렀음을 느끼게 되었습니다. 그리고 우리가 20대에 생각했던 행복한 삶과 지금 생각하는 행복한 삶에 대한 생각도 했습니다.

대학을 졸업하고 우리는 모두 가정도 이루고 각자의 분야에서 열심히 살았을 것입니다. 그런데 이제는 잠시 멈추어 우리의 미래에 대한 생각도 해야 하는 나이가 되었습니다. 우리가 20대에 생각하고 꿈꿨던 삶과 현실은 많은 차이가 있을 것입니다. 그럼에도 우리는 여전히 행복한 삶을 꿈꾸기에 멈추어 고민해야만 합니다.

지금 우리의 행복한 삶을 위해 가장 필요한 것은 무엇일까요? 현실적인 어려움을 생각하면 경제력과 안정된 일이 가장 필요할 수 있습니다. 그러나 상담에서 만난 많은 분들을 보면 그렇지 않았습니다. 여러 현실적 과제 못지않게 소중한 사람과의 관계가 앞으로의 삶의 행복에 매우 중요한 요소였습니다. 가족은 더 소중하고 매우 중요한 관계입니다.

가족이 소중한 관계가 되기 위해서는 오히려 남보다 더 많은 노력이 필요한 것 같습니다. 그만큼 기대하는 것이 있어 더 실망하기도 하고 소중하기 때문에 더 상처받기도 합니다. 그러나 진정 소중한 관계가 되면 다른 어떤 관계보다 행복에 더 도움이 될 것입니다.

하버드대학에서 79년간 행복에 대한 연구에서도 인간관계의 중요성을 알 수 있습니다. 우리는 소중한 사람을 위해 더 노력해야 할 것 같습니다.

첫째, 삶을 가장 윤택하게 만드는 것은 좋은 인간관계이다. 가족과 친구 공동체와의 관계를 중시하는 사람이 좀 더 행복하고 성공적인 삶을 영위했다.

둘째, 외로움은 독이다. 외로움은 흡연이나 알코올중독만큼 강력했다.

셋째, 인간관계는 양보다 질이다. 친구의 숫자보다 친밀도가 중요하다.

'자녀의 사춘기'는 가족에게 오는 또 다른 기회입니다. 가족이 아니면 누가 삐딱하고 덩치 큰 아이에게 관심이 생기겠습니까? 그리고 그 아이가 백조가 될 거라고 믿겠습니까? 그렇다고 '가족이니까' 당연히 소중한 관계가 되지는 않습니다. 더 많은 노력이 있어야 소중한 관계가 됩니다. 덩치 큰 삐딱한 아이가 나에게 소중한 사람이 될 소중한 기회가 사춘기입니다.

자녀의 사춘기는 자녀에게는 건강하게 사회에 나갈 준비를 하는 시기이며, 부모에게는 중년 이후의 삶에 대해 정리하는 시기입니다. 이 시기를 지나면서 가족 모두가 좀 더 인간적인 성숙을 가졌으면 합니다. 더 공감하고 배려하며 더 존중하길 바랍니다.

저의 원고가 사춘기 자녀와 어긋난 가족에게 조금이나마 도움이 되었으면 합니다. 사춘기 자녀를 키우는 부모들에게는 더 큰 보탬이 되었으면 좋겠습니다.